2021 中国高技术产业统计年鉴

CHINA STATISTICAL YEARBOOK ON HIGH TECHNOLOGY INDUSTRY

国家统计局社会科技和文化产业统计司 编

Compiled by

Department of Social,Science and Technology,and Cultural Statistics National Bureau of Statistics

图书在版编目（CIP）数据

中国高技术产业统计年鉴. 2021 = China Statistics Yearbook on High Technology Industry 2021 : 汉英对照 / 国家统计局社会科技和文化产业统计司编. -- 北京 : 中国统计出版社, 2021.11
ISBN 978-7-5037-9633-3

Ⅰ. ①中… Ⅱ. ①国… Ⅲ. ①高技术产业－统计资料－中国－2021－年鉴－汉、英 Ⅳ. ①F279.244.4-54

中国版本图书馆 CIP 数据核字(2021)第 231100 号

中国高技术产业统计年鉴—2021

作　　者/国家统计局社会科技和文化产业统计司
责任编辑/李　冲
封面设计/李雪燕
出版发行/中国统计出版社有限公司
通信地址/北京市丰台区西三环南路甲 6 号　邮政编码/100073
发行电话/邮购（010）63376909　书店（010）68783171
网　　址/ http://www.zgtjcbs.com/
印　　刷/河北鑫兆源印刷有限公司
经　　销/新华书店
开　　本/880mm×1230mm　1/16
字　　数/380 千字
印　　张/12
版　　别/2021 年 11 月第 1 版
版　　次/2021 年 11 月第 1 次印刷
定　　价/280.00 元

《中国高技术产业统计年鉴—2021》

编辑委员会、编辑部

编辑说明

为反映我国高技术产业发展状况和国际竞争能力，满足国家宏观管理部门制订调整产业政策和产业发展规划的需要，我们根据国家统计局 2017 年颁布的《高技术产业（制造业）分类（2017）》，加工整理了这本高技术产业发展状况的统计资料书。

本书收集了 2020 年我国高技术产业生产经营、研发及相关活动等资料以及相关的国际比较数据，较为全面地描述了我国高技术产业发展的基本状况，是有关管理部门和社会各界了解我国高技术产业发展情况的主要资料工具书。

本书共分四个部分。第一部分主要反映高技术产业企业的生产经营情况。第二部分主要反映高技术产业企业的研发活动、新产品开发和销售、专利、技术获取和改造、企业办研发机构等情况。第三部分为国际比较资料，根据世界银行等国际组织公布的高技术产业统计资料整理。第四部分为附录，包括高技术产业（制造业）分类（2017）、对照修订说明和主要统计指标解释。本年鉴所涉及的全国性统计数据均未包括香港、澳门特别行政区和台湾省数据。

本书中的“空格”表示该项统计指标数据不足本表最小单位数、数据不详或无该项数据；书中因小数取舍而产生的误差均未做配平处理。按地区分组东部地区包括：北京、天津、河北、上海、江苏、浙江、福建、山东、广东和海南；中部地区包括：山西、安徽、江西、河南、湖北和湖南；西部地区包括：内蒙古、广西、重庆、四川、贵州、云南、西藏、陕西、甘肃、青海、宁夏和新疆；东北地区包括：辽宁、吉林和黑龙江。

目　录

Contents

第一部分　生产经营情况

Statistics on Production and Management

1-1-1　按行业分高技术产业生产经营情况(2020 年) …… 3
Statistics on Production and Management in High-tech Industry by Industrial Sector(2020)

1-2-1　各地区高技术产业生产经营情况(2020 年) …… 4
Statistics on Production and Management in High-tech Industry by Region (2020)

1-2-2　按地区和企业规模分高技术产业生产经营情况(2020 年) …… 5
Statistics on Production and Management in High-tech Industry by Region and Scale of Enterprises(2020)

1-2-3　按地区和登记注册类型分高技术产业生产经营情况(2020 年) …… 7
Statistics on Production and Management in High-tech Industry by Region and Registration Status (2020)

1-2-4　按地区和行业分高技术产业生产经营情况(2020 年) …… 11
Statistics on Production and Management in High-tech Industry by Region and Industrial Sector (2020)

1-2-5　按地区分国有及国有控股企业高技术产业生产经营情况(2020 年) …… 15
Statistics on Production and Management in High-tech Industry of State-owned and State-controlled Enterprises by Region (2020)

1-3-1　按行业分高技术产业投资增长情况(2020 年) …… 16
Growth Rate of Total Investment in High-tech Industry by Industrial Sector(2020)

1-4-1　各地区高技术产业投资增长情况(2020 年) …… 17
Growth Rate of Total Investment in High-tech Industry by Region (2020)

第二部分　R&D 及相关活动情况

Statistics on R&D and Related Activities

2-1-1　按行业分高技术产业研发相关情况(2020 年) …… 20
R&D Statistics on High-tech Industry by Industrial Sector(2020)

2-1-2　按行业分大型企业高技术产业研发相关情况(2020 年) …… 28
R&D Statistics on High-tech Industry of Large-size Enterprises by Industrial Sector(2020)

2-1-3　按行业分中型企业高技术产业研发相关情况(2020 年) …… 36
R&D Statistics on High-tech Industry of Medium-sized Enterprises by Industrial Sector (2020)

2-1-4　按行业分国有及国有控股企业高技术产业研发相关情况(2020 年) …… 44
R&D Statistics on High-tech Industry of State-owned and State-controlled Enterprises by Industrial Sector (2020)

2-1-5　按行业分内资企业高技术产业研发相关情况(2020 年) …… 52
R&D Statistics on High-tech Industry of Domestic Funded Enterprises by Industrial Sector(2020)

2-1-6　按行业分国有企业高技术产业研发相关情况(2020 年) …… 60
R&D Statistics on High-tech Industry of State-owned Enterprises by Industrial Sector (2020)

2-1-7　按行业分港澳台投资企业高技术产业研发相关情况(2020 年) …… 68
R&D Statistics on High-tech Industry of Enterprises with Funds from Hong Kong, Macau and Taiwan by Industrial Sector (2020)

2-1-8 按行业分外商投资企业高技术产业研发相关情况(2020 年) ······ 76
R&D Statistics on High-tech Industry of Foreign Funded Enterprises by Industrial Sector (2020)
2-2-1 各地区高技术产业 R&D 人员情况(2020 年) ······ 84
R&D Personnel in High-tech Industry by Region(2020)
2-2-2 按地区和企业规模分高技术产业 R&D 人员情况(2020 年) ······ 85
R&D Personnel in High-tech Industry by Region and Industrial Sector(2020)
2-2-3 各地区国有及国有控股企业高技术产业 R&D 人员情况(2020 年) ······ 87
R&D Personnel in High-tech Industry of State-owned and State-controlled Enterprises by Region (2020)
2-2-4 按地区和登记注册类型分高技术产业 R&D 人员情况(2020 年) ······ 88
R&D Personnel in High-tech Industry by Region and Registration Status(2020)
2-2-5 按地区和行业分高技术产业 R&D 人员情况(2020 年) ······ 92
R&D Personnel in High-tech Industry by Region and Industrial Sector(2020)
2-3-1 各地区高技术产业 R&D 经费情况(2020 年) ······ 97
R&D Expenditure in High-tech Industry by Region(2020)
2-3-2 按地区和企业规模分高技术产业 R&D 经费情况(2020 年) ······ 98
R&D Expenditure in High-tech Industry by Region and Industrial Sector(2020)
2-3-3 各地区国有及国有控股企业高技术产业 R&D 经费情况(2020 年) ······ 100
R&D Expenditure in High-tech Industry of State-owned and State-controlled Enterprises by Region (2020)
2-3-4 按地区和登记注册类型分高技术产业 R&D 经费情况(2020 年) ······ 101
R&D Expenditure in High-tech Industry by Region and Registration Status(2020)
2-3-5 按地区和行业分高技术产业 R&D 经费情况(2020 年) ······ 105
R&D Expenditure in High-tech Industry by Region and Industrial Sector(2020)
2-4-1 各地区高技术产业新产品开发和销售情况(2020 年) ······ 110
New Products Development and Sale in High-tech Industry by Region(2020)
2-4-2 按地区和企业规模分高技术产业新产品开发和销售情况(2020 年) ······ 111
New Products Development and Sale in High-tech Industry by Region and Industrial Sector(2020)
2-4-3 各地区国有及国有控股企业高技术产业新产品开发和销售情况(2020 年) ······ 113
New Products Development and Sale in High-tech Industry of State-owned and State-controlled Enterprises by Region (2020)
2-4-4 按地区和登记注册类型分高技术产业新产品开发和销售情况(2020 年) ······ 114
New Products Development and Sale in High-tech Industry by Region and Registration Status (2020)
2-4-5 按地区和行业分高技术产业新产品开发和销售情况(2020 年) ······ 118
New Products Development and Sale in High-tech Industry by Region and Industrial Sector (2020)
2-5-1 各地区高技术产业专利情况(2020 年) ······ 123
Statistics on Patents in High-tech Industry by Region(2020)
2-5-2 按地区和企业规模分高技术产业专利情况(2020 年) ······ 124
Statistics on Patents in High-tech Industry by Region and Industrial Sector(2020)
2-5-3 各地区国有及国有控股企业高技术产业专利情况(2020 年) ······ 126
Statistics on Patents in High-tech Industry of State-owned and State-controlled Enterprises by Region (2020)
2-5-4 按地区和登记注册类型分高技术产业专利情况(2020 年) ······ 127
Statistics on Patents in High-tech Industry by Region and Registration Status(2020)
2-5-5 按地区和行业分高技术产业专利情况(2020 年) ······ 131
Statistics on Patents in High-tech Industry by Region and Industrial Sector(2020)
2-6-1 各地区高技术产业技术获取和技术改造情况(2020 年) ······ 136
Technology Acquisition and Renovation in High-tech Industry by Region (2020)
2-6-2 按地区和企业规模分高技术产业技术获取和技术改造情况(2020 年) ······ 137
Technology Acquisition and Renovation in High-tech Industry by Region and Scale of Enterprises(2020)
2-6-3 各地区国有及国有控股企业高技术产业技术获取和技术改造情况(2020 年) ······ 139
Technology Acquisition and Renovation in High-tech Industry of State-owned and State-controlled Enterprises by Region (2020)

2-6-4 按地区和登记注册类型分高技术产业技术获取和技术改造情况(2020 年) …… 140
Technology Acquisition and Renovation in High-tech Industry by Region and Registration Status(2020)
2-6-5 按地区和行业分高技术产业技术获取和技术改造情况(2020 年) …… 144
Technology Acquisition and Renovation in High-tech Industry by Region and Industrial Sector(2020)
2-7-1 各地区高技术产业企业办研发机构情况(2020 年) …… 149
R&D Institutions in High-tech Industry by Region(2020)
2-7-2 按地区和企业规模分高技术产业企业办研发机构情况(2020 年) …… 150
R&D Institutions in High-tech Industry by Region and Industrial Sector(2020)
2-7-3 各地区国有及国有控股企业高技术产业企业办研发机构情况(2020 年) …… 152
R&D Institutions in High-tech Industry of State-owned and State-controlled Enterprises by Region (2020)
2-7-4 按地区和登记注册类型分高技术产业企业办研发机构情况(2020 年) …… 153
R&D Institutions in High-tech Industry by Region and Registration Status(2020)
2-7-5 按地区和行业分高技术产业企业办研发机构情况(2020 年) …… 157
R&D Institutions in High-tech Industry by Region and Industrial Sector (2020)

第三部分　国际比较情况

International Comparison

3-1 高技术产业出口总额(2008-2020) …… 164
High-technology Exports (2008-2020)
3-2 部分国家高技术产业出口占制造业出口的比重(2008-2019 年) …… 166
The Ratio of Exports of High Technology Industry to Exports of Manufacturing in Selected Countries (2008-2019)

附　　录

Appendix

附录 1 高技术产业（制造业）分类（2017） …… 169
High-technology Industry（Manufacturing Industry）Classifications(2017)
附录 2 《高技术产业（制造业）分类》新旧对照表 …… 173
附录 3 主要指标解释 …… 178

1

生产经营情况

Statistics on Production and Management

1-1-1　按行业分高技术产业生产经营情况(2020年)
Statistics on Production and Management in High-tech Industry by Industrial Sector(2020)

单位：个，人，亿元　　(unit,person,100 million yuan)

行　业	Industry	企业数 Number of Enterprises	平均用工人数 Annual Average Employees	营业收入 Revenue	利润总额 Profits
合计	**Total**	**40194**	**13866556**	**174613**	**12394**
医药制造业	**Manufacture of Medicines**	**8170**	**2138239**	**25054**	**3693**
#化学药品制造	Manufacture of Chemical Medicine	2473	882897	12239	1648
中成药生产	Manufacture of Finished Traditional Chinese Herbal Medicine	1540	494449	4433	677
生物药品制品制造	Manufacture of Biopharmaceutical Products	909	214226	2811	663
电子及通信设备制造业	**Manufacture of Electronic Equipment and Communication Equipment**	**21412**	**8657650**	**110086**	**6116**
电子工业专用设备制造	Manufacture of Special Equipment for Electronic Industry	1292	225691	1710	160
光纤光缆及锂离子电池制造	Manufacture of Optical Fiber and Cable, and Lithium Ion Battery	1561	542624	6816	388
#锂离子电池制造	Manufacture of Lithium Ion Batteries	1233	476335	5638	331
#通信设备、雷达及配套设备制造	Manufacture of Communication Equipment, Radar and Matching Equipment	2226	2026830	41415	2010
#通信系统设备制造	Manufacture of Communication System Equipment	1038	473629	6908	455
通信终端设备制造	Manufacture of Communication Terminal Equipment	1091	1513462	34037	1526
雷达及配套设备制造	Manufacture of Radar and Related Equipment	97	39739	471	30
广播电视设备制造	Manufacture of Broadcasting and TV Equipment	604	176791	1691	95
非专业视听设备制造	Manufacture of Non-professional Audio-visual Equipment	1146	451255	7052	210
电子器件制造	Manufacture of Electronic Appliances	4761	1964560	23358	1361
#电子真空器件制造	Manufacture of Electronic Vacuum Appliances	489	133620	1051	106
半导体分立器件制造	Manufacture of Semiconductor Discreting Appliances	423	142021	1327	104
集成电路制造	Manufacture of Integrate Circuit	860	337160	5411	510
光电子器件制造	Manufacture of Optoelectronic Devices	862	311130	3476	177
电子元件及电子专用材料制造	Manufacture of Electronic Components and Electronic Specialized Materials	7347	2455720	19952	1384
#电阻电容电感元件制造	Manufacture of Resistance, Capacitance and Inductance Components	1205	374727	2496	150
电子电路制造	Manufacture of Electronic Circuit	1540	645842	4925	312
电子专用材料制造	Manufacture of Electronic Specialized Materials	1374	330772	4825	371
智能消费设备制造	Manufacturing of Intelligent Consumption Equipment	1056	421454	4936	282
其他电子设备制造	Other Electronic Equipment	1419	392725	3156	226
计算机及办公设备制造业	**Manufacture of Computers and Office Equipments**	**2524**	**1352081**	**23070**	**734**
#计算机整机制造	Manufacture of Entired Computer	290	417100	14519	214
计算机零部件制造	Manufacture of Parts and Fixture for Computer	875	480750	3361	229
计算机外围设备制造	Manufacture of Computer Peripheral Equipment	686	234489	2726	127
办公设备制造	Manufacture of Office Equipment	282	102199	938	48
医疗仪器设备及仪器仪表制造业	**Manufacture of Medical Equipments and Meters**	**7256**	**1257503**	**11804**	**1583**
#医疗仪器设备及器械制造	Manufacture of Medical Equipment and Appliances	2369	457417	4059	725
#医疗诊断、监护及治疗设备制造	Manufacture of Medical Diagnosis, Monitoring and Treatment Equipment	709	144647	1665	349
医疗、外科及兽医用器械制造	Manufacture of Medical, Surgical and Veterinary Instruments	619	143457	1099	180
通用仪器仪表制造	Manufacture of General Instruments	3237	489816	5064	570
专用仪器仪表制造	Manufacture of Special Instruments	996	159573	1465	166
信息化学品制造业	**Manufacture of Electronic Chemicals**	**181**	**34611**	**604**	**56**

注：本表数据口径为年主营业务收入2000万元及以上的工业企业法人单位。下表同。

Note: Data in this table cover the industrial enterprises with revenue from principal business of over 20 million RMB. The same applies to the following tables.

1-2-1 各地区高技术产业生产经营情况(2020年)
Statistics on Production and Management in High-tech Industry by Region (2020)

单位：个，人，亿元 (unit,person,100 million yuan)

地区	Region	企业数 Number of Enterprises	平均用工人数 Annual Average Employees	营业收入 Revenue	利润总额 Profits
全国	**Total**	**40194**	**13866556**	**174613**	**12394**
东部地区	Eastern Region	26646	9225596	119876	8646
中部地区	Middle Region	7875	2620150	27749	1684
西部地区	Western Region	4656	1741870	24192	1650
东北地区	Northeastern Region	1017	278940	2797	415
北京	Beijing	884	256474	6573	555
天津	Tianjin	549	185898	2937	200
河北	Hebei	745	200786	1712	216
山西	Shanxi	206	172943	1389	56
内蒙古	Inner Mongolia	105	34738	420	24
辽宁	Liaoning	508	165110	1916	245
吉林	Jilin	321	70807	597	139
黑龙江	Heilongjiang	188	43023	284	31
上海	Shanghai	1195	448100	7913	431
江苏	Jiangsu	5973	2163717	27193	1841
浙江	Zhejiang	3622	890946	10138	1095
安徽	Anhui	1702	382436	4958	227
福建	Fujian	1227	474976	6243	592
江西	Jiangxi	1779	551466	6206	412
山东	Shandong	1718	568429	6741	681
河南	Henan	1198	666244	6472	329
湖北	Hubei	1339	402025	4528	254
湖南	Hunan	1651	445036	4196	406
广东	Guangdong	10670	4015335	50185	3001
广西	Guangxi	448	132383	1438	86
海南	Hainan	63	20935	243	35
重庆	Chongqing	813	421030	6472	310
四川	Sichuan	1576	624590	9434	476
贵州	Guizhou	399	111858	975	62
云南	Yunnan	279	66065	1193	233
西藏	Tibet	11	1874	17	8
陕西	Shaanxi	749	273154	3430	335
甘肃	Gansu	119	29886	287	46
青海	Qinghai	37	10879	127	12
宁夏	Ningxia	46	19658	225	36
新疆	Xinjiang	74	15755	174	21

1-2-2　按地区和企业规模分高技术产业生产经营情况(2020年)

Statistics on Production and Management in High-tech Industry by Region and Scale of Enterprises(2020)

单位：个，人，亿元　　(unit,perosn,100 million yuan)

地　区	Region	大型企业 Large-sized Enterprises			
		企业数 Number of Enterprises	平均用工人数 Annual Average Employees	营业收入 Revenue	利润总额 Profits
全　国	**Total**	**1925**	**7045263**	**104766**	**6718**
东部地区	Eastern Region	1317	4707621	74239	4954
中部地区	Middle Region	305	1339141	14608	646
西部地区	Western Region	263	896359	14558	849
东北地区	Northeastern Region	40	102142	1361	268
北　京	Beijing	39	98518	3995	224
天　津	Tianjin	31	89395	1681	108
河　北	Hebei	23	86677	682	96
山　西	Shanxi	13	136017	1132	39
内蒙古	Inner Mongolia	7	12818	196	8
辽　宁	Liaoning	28	80432	1165	192
吉　林	Jilin	8	14819	161	72
黑龙江	Heilongjiang	4	6891	36	4
上　海	Shanghai	60	242406	4973	109
江　苏	Jiangsu	343	1180395	16941	1069
浙　江	Zhejiang	116	312201	4058	556
安　徽	Anhui	47	140095	2467	56
福　建	Fujian	67	240789	3522	331
江　西	Jiangxi	89	262183	2982	178
山　东	Shandong	86	285782	3982	359
河　南	Henan	68	461404	4900	189
湖　北	Hubei	57	162766	2094	53
湖　南	Hunan	31	176676	1033	130
广　东	Guangdong	550	2166960	34391	2100
广　西	Guangxi	23	50978	596	40
海　南	Hainan	2	4498	14	2
重　庆	Chongqing	60	208101	4809	163
四　川	Sichuan	75	352793	5364	155
贵　州	Guizhou	20	53415	422	20
云　南	Yunnan	15	26377	501	171
西　藏	Tibet				
陕　西	Shaanxi	49	159341	2234	212
甘　肃	Gansu	3	10364	117	22
青　海	Qinghai	3	5114	79	10
宁　夏	Ningxia	5	11117	151	32
新　疆	Xinjiang	3	5941	88	17

1-2-2 续表 continued

单位：个，人，亿元 (unit,perosn,100 million yuan)

地 区	Region	中型企业 Medium-sized Enterprises 企业数 Number of Enterprises	平均用工人数 Annual Average Employees	营业收入 Revenue	利润总额 Profits
全 国	**Total**	**6110**	**3361597**	**34403**	**3414**
东部地区	Eastern Region	4125	2275484	23320	2306
中部地区	Middle Region	1068	588000	5455	545
西部地区	Western Region	757	411276	4841	472
东北地区	Northeastern Region	160	86837	787	92
北 京	Beijing	139	72336	1192	191
天 津	Tianjin	89	51335	630	63
河 北	Hebei	97	54491	486	75
山 西	Shanxi	35	20731	121	9
内蒙古	Inner Mongolia	22	11209	101	9
辽 宁	Liaoning	78	41874	420	26
吉 林	Jilin	51	26138	248	49
黑龙江	Heilongjiang	31	18825	119	16
上 海	Shanghai	200	102761	1498	151
江 苏	Jiangsu	921	501377	5025	435
浙 江	Zhejiang	534	269808	3375	359
安 徽	Anhui	182	101333	993	84
福 建	Fujian	217	125389	1429	184
江 西	Jiangxi	243	131692	1171	108
山 东	Shandong	265	139441	1526	231
河 南	Henan	220	112348	864	88
湖 北	Hubei	188	115082	1065	109
湖 南	Hunan	200	106814	1242	147
广 东	Guangdong	1645	948530	7991	585
广 西	Guangxi	71	44906	371	28
海 南	Hainan	18	10016	167	31
重 庆	Chongqing	173	97999	926	95
四 川	Sichuan	259	132870	2178	194
贵 州	Guizhou	58	30622	240	23
云 南	Yunnan	27	16429	204	30
西 藏	Tibet	2	798	10	5
陕 西	Shaanxi	106	56377	624	75
甘 肃	Gansu	19	10498	86	6
青 海	Qinghai	5	2157	29	2
宁 夏	Ningxia	7	3661	49	4
新 疆	Xinjiang	8	3750	23	2

1-2-3　按地区和登记注册类型分高技术产业生产经营情况(2020年)

Statistics on Production and Management in High-tech Industry by Region and Registration Status (2020)

单位：个，人，亿元　　(unit,person,100 million yuan)

地　区	Region	内资企业 Domestic Funded			
		企业数 Number of Enterprises	平　均 用工人数 Annual Average Employees	营　业 收　入 Revenue	利润总额 Profits
全　国	**Total**	**33348**	**8626355**	**104481**	**8645**
东部地区	Eastern Region	20742	5151593	67272	5627
中部地区	Middle Region	7431	1949793	19644	1454
西部地区	Western Region	4285	1301727	15700	1320
东北地区	Northeastern Region	890	223242	1865	244
北　京	Beijing	707	164433	2486	310
天　津	Tianjin	371	87739	953	107
河　北	Hebei	696	158627	1336	150
山　西	Shanxi	198	69966	438	27
内 蒙 古	Inner Mongolia	97	27263	356	20
辽　宁	Liaoning	414	116975	1044	77
吉　林	Jilin	298	67029	549	132
黑 龙 江	Heilongjiang	178	39238	271	34
上　海	Shanghai	706	158560	2085	136
江　苏	Jiangsu	4319	903502	10781	915
浙　江	Zhejiang	3116	664464	6410	825
安　徽	Anhui	1598	328044	3534	218
福　建	Fujian	941	283982	3334	408
江　西	Jiangxi	1644	475565	5453	370
山　东	Shandong	1421	397782	4720	470
河　南	Henan	1159	428230	3183	296
湖　北	Hubei	1239	330309	3366	199
湖　南	Hunan	1593	317679	3671	343
广　东	Guangdong	8413	2314159	34955	2274
广　西	Guangxi	388	83646	835	65
海　南	Hainan	52	18345	211	33
重　庆	Chongqing	712	285802	3296	246
四　川	Sichuan	1470	422929	5679	347
贵　州	Guizhou	381	100092	839	62
云　南	Yunnan	265	60196	1144	229
西　藏	Tibet	11	1874	17	8
陕　西	Shaanxi	695	248482	2800	244
甘　肃	Gansu	119	29886	287	46
青　海	Qinghai	35	9276	108	10
宁　夏	Ningxia	42	18865	219	36
新　疆	Xinjiang	70	13416	119	8

1-2-3 续表 1 continued

单位：个，人，亿元 (unit,person,100 million yuan)

地 区	Region	#国有企业 State-owned Enterprises 企业数 Number of Enterprises	平均用工人数 Annual Average Employees	营业收入 Revenue	利润总额 Profits
全 国	**Total**	**201**	**155038**	**1475**	**107**
东部地区	Eastern Region	76	39749	410	31
中部地区	Middle Region	44	39761	374	12
西部地区	Western Region	76	73344	675	64
东北地区	Northeastern Region	5	2184	17	1
北 京	Beijing	12	7076	75	6
天 津	Tianjin	6	1842	11	
河 北	Hebei	4	2988	17	-1
山 西	Shanxi	5	4920	29	1
内 蒙 古	Inner Mongolia	1	921	20	1
辽 宁	Liaoning	2	1941	13	1
吉 林	Jilin	3	243	4	
黑 龙 江	Heilongjiang				
上 海	Shanghai	5	2216	14	1
江 苏	Jiangsu	18	16840	223	18
浙 江	Zhejiang	2	352	2	1
安 徽	Anhui	10	8554	107	14
福 建	Fujian	1	220	7	
江 西	Jiangxi	4	3969	62	-2
山 东	Shandong	9	2066	13	1
河 南	Henan	7	9299	65	
湖 北	Hubei	11	8053	69	-4
湖 南	Hunan	7	4966	42	2
广 东	Guangdong	18	5478	41	4
广 西	Guangxi	5	6015	114	9
海 南	Hainan	1	671	7	1
重 庆	Chongqing	8	1871	17	2
四 川	Sichuan	14	11166	113	9
贵 州	Guizhou	20	19696	111	8
云 南	Yunnan	3	1904	26	6
西 藏	Tibet				
陕 西	Shaanxi	21	31177	251	13
甘 肃	Gansu	2	379	19	16
青 海	Qinghai	1	142		
宁 夏	Ningxia				
新 疆	Xinjiang	1	73	1	

1-2-3　续表 2　continued

单位：个，人，亿元　(unit,person,100 million yuan)

地　区	Region	港澳台投资企业 Enterprises with Funds from Hong Kong, Macau and Taiwan			
		企业数 Number of Enterprises	平均用工人数 Annual Average Employees	营业收入 Revenue	利润总额 Profits
全　国	**Total**	**2997**	**2608601**	**31998**	**1696**
东部地区	Eastern Region	2597	1864543	21421	1446
中部地区	Middle Region	220	514857	6351	144
西部地区	Western Region	143	220324	4124	84
东北地区	Northeastern Region	37	8877	102	22
北　京	Beijing	55	26593	2810	133
天　津	Tianjin	35	16868	260	14
河　北	Hebei	14	16340	225	58
山　西	Shanxi	3	61240	730	11
内蒙古	Inner Mongolia	6	7066	58	4
辽　宁	Liaoning	25	6252	86	22
吉　林	Jilin	7	1265	9	
黑龙江	Heilongjiang	5	1360	7	
上　海	Shanghai	125	95423	2320	119
江　苏	Jiangsu	558	491366	5330	358
浙　江	Zhejiang	194	88169	1354	131
安　徽	Anhui	51	35820	1139	-3
福　建	Fujian	147	113501	1412	142
江　西	Jiangxi	73	36936	310	17
山　东	Shandong	82	50344	587	130
河　南	Henan	19	225612	3207	24
湖　北	Hubei	37	37630	514	37
湖　南	Hunan	37	117619	452	58
广　东	Guangdong	1383	965090	7111	358
广　西	Guangxi	38	26852	192	9
海　南	Hainan	4	849	13	3
重　庆	Chongqing	36	72159	1541	25
四　川	Sichuan	31	103526	2211	40
贵　州	Guizhou	7	1815	11	-1
云　南	Yunnan	10	3891	38	3
西　藏	Tibet				
陕　西	Shaanxi	14	4860	72	4
甘　肃	Gansu				
青　海	Qinghai				
宁　夏	Ningxia	1	155	1	
新　疆	Xinjiang				

1-2-3 续表 3 continued

单位：个，人，亿元 (unit,person,100 million yuan)

地区	Region	外商投资企业 Foreign Funded Enterprises			
		企业数 Number of Enterprises	平均用工人数 Annual Average Employees	营业收入 Revenue	利润总额 Profits
全国	**Total**	**3849**	**2631600**	**38134**	**2053**
东部地区	Eastern Region	3307	2209460	31182	1573
中部地区	Middle Region	224	155500	1753	86
西部地区	Western Region	228	219819	4368	245
东北地区	Northeastern Region	90	46821	830	149
北京	Beijing	122	65448	1277	111
天津	Tianjin	143	81291	1724	79
河北	Hebei	35	25819	151	8
山西	Shanxi	5	41737	221	18
内蒙古	Inner Mongolia	2	409	6	1
辽宁	Liaoning	69	41883	786	145
吉林	Jilin	16	2513	38	7
黑龙江	Heilongjiang	5	2425	7	-3
上海	Shanghai	364	194117	3507	176
江苏	Jiangsu	1096	768849	11082	568
浙江	Zhejiang	312	138313	2373	140
安徽	Anhui	53	18572	285	12
福建	Fujian	139	77493	1497	43
江西	Jiangxi	62	38965	442	26
山东	Shandong	215	120303	1434	81
河南	Henan	20	12402	82	9
湖北	Hubei	63	34086	648	17
湖南	Hunan	21	9738	74	4
广东	Guangdong	874	736086	8119	369
广西	Guangxi	22	21885	411	13
海南	Hainan	7	1741	18	-2
重庆	Chongqing	65	63069	1635	39
四川	Sichuan	75	98135	1544	89
贵州	Guizhou	11	9951	125	1
云南	Yunnan	4	1978	11	1
西藏	Tibet				
陕西	Shaanxi	40	19812	557	87
甘肃	Gansu				
青海	Qinghai	2	1603	19	2
宁夏	Ningxia	3	638	6	-1
新疆	Xinjiang	4	2339	55	13

1-2-4　按地区和行业分高技术产业生产经营情况(2020年)
Statistics on Production and Management in High-tech Industry by Region and Industrial Sector (2020)

单位：个，人，亿元　　(unit,person,100 million yuan)

地　区	Region	医药制造业 Medical and Pharmaceutical Products Manufacturing			
		企业数 Number of Enterprises	平均用工人数 Annual Average Employees	营业收入 Revenue	利润总额 Profits
全　国	**Total**	**8170**	**2138239**	**25054**	**3693**
东部地区	Eastern Region	3615	1085726	14334	2347
中部地区	Middle Region	2433	527498	5739	582
西部地区	Western Region	1604	403971	3793	547
东北地区	Northeastern Region	518	121044	1188	218
北　京	Beijing	241	82427	1344	205
天　津	Tianjin	114	46992	600	76
河　北	Hebei	315	87536	888	147
山　西	Shanxi	106	33022	226	12
内蒙古	Inner Mongolia	58	22138	177	24
辽　宁	Liaoning	147	35878	493	54
吉　林	Jilin	252	58082	513	135
黑龙江	Heilongjiang	119	27084	182	29
上　海	Shanghai	226	60831	1014	171
江　苏	Jiangsu	756	217924	3622	547
浙　江	Zhejiang	533	153105	1797	330
安　徽	Anhui	519	76340	905	73
福　建	Fujian	203	39905	488	105
江　西	Jiangxi	466	93656	1337	141
山　东	Shandong	597	224927	2632	433
河　南	Henan	471	121668	1104	122
湖　北	Hubei	447	126880	1141	141
湖　南	Hunan	424	75932	1025	93
广　东	Guangdong	570	153862	1721	299
广　西	Guangxi	156	28047	176	31
海　南	Hainan	60	18217	228	34
重　庆	Chongqing	147	91873	550	54
四　川	Sichuan	509	118146	1368	168
贵　州	Guizhou	142	32109	251	29
云　南	Yunnan	160	30876	347	119
西　藏	Tibet	10	1830	17	8
陕　西	Shaanxi	243	44629	631	67
甘　肃	Gansu	89	13311	120	32
青　海	Qinghai	25	3873	20	3
宁　夏	Ningxia	24	6921	49	5
新　疆	Xinjiang	41	10218	87	7

1-2-4 续表 1 continued

单位：个，人，亿元 (unit,person,100 million yuan)

地 区	Region	电子及通信设备制造业 Manufacture of Electronic Equipment and Communication Equipment			
		企业数 Number of Enterprises	平均用工人数 Annual Average Employees	营业收入 Revenue	利润总额 Profits
全 国	**Total**	**21412**	**8657650**	**110086**	**6116**
东部地区	Eastern Region	15474	6121576	80537	4478
中部地区	Middle Region	3804	1671178	17365	768
西部地区	Western Region	1918	793772	11379	720
东北地区	Northeastern Region	216	71124	805	150
北 京	Beijing	256	75398	3795	206
天 津	Tianjin	254	94549	1375	56
河 北	Hebei	230	72896	511	25
山 西	Shanxi	60	129891	1089	37
内蒙古	Inner Mongolia	39	10024	188	-2
辽 宁	Liaoning	167	57223	702	144
吉 林	Jilin	35	8715	63	6
黑龙江	Heilongjiang	14	5186	41	-1
上 海	Shanghai	498	224914	3973	156
江 苏	Jiangsu	3269	1332783	16299	814
浙 江	Zhejiang	1968	518721	6207	497
安 徽	Anhui	866	221980	2559	104
福 建	Fujian	725	342928	4102	394
江 西	Jiangxi	1020	392055	4270	224
山 东	Shandong	602	237765	2680	133
河 南	Henan	361	412651	4419	118
湖 北	Hubei	589	208988	2528	60
湖 南	Hunan	908	305613	2499	225
广 东	Guangdong	7670	3220756	41583	2196
广 西	Guangxi	210	89437	1052	36
海 南	Hainan	2	866	11	1
重 庆	Chongqing	334	163300	2671	147
四 川	Sichuan	727	314987	3949	160
贵 州	Guizhou	180	45508	491	19
云 南	Yunnan	86	29657	781	111
西 藏	Tibet				
陕 西	Shaanxi	269	105444	1752	184
甘 肃	Gansu	18	12179	148	13
青 海	Qinghai	11	6581	106	9
宁 夏	Ningxia	18	11489	163	29
新 疆	Xinjiang	26	5166	80	13

1-2-4 续表 2 continued

单位：个，人，亿元 (unit,person,100 million yuan)

地区	Region	计算机及办公设备制造业 Manufacture of Computer and Office Equipments			
		企业数 Number of Enterprises	平均用工人数 Annual Average Employees	营业收入 Revenue	利润总额 Profits
全国	**Total**	**2524**	**1352081**	**23070**	**734**
东部地区	Eastern Region	1928	960505	14698	526
中部地区	Middle Region	244	121964	2002	54
西部地区	Western Region	329	261969	6327	152
东北地区	Northeastern Region	23	7643	42	1
北京	Beijing	50	14976	478	24
天津	Tianjin	29	19455	703	38
河北	Hebei	16	2487	11	1
山西	Shanxi	6	685	10	1
内蒙古	Inner Mongolia	3	126	11	
辽宁	Liaoning	17	6960	35	1
吉林	Jilin	3	244	1	
黑龙江	Heilongjiang	3	439	6	
上海	Shanghai	56	69903	1923	23
江苏	Jiangsu	324	335795	4278	122
浙江	Zhejiang	142	43769	612	29
安徽	Anhui	63	54353	1236	15
福建	Fujian	90	53760	1268	59
江西	Jiangxi	65	23400	197	15
山东	Shandong	67	29120	777	26
河南	Henan	30	19716	107	7
湖北	Hubei	30	14642	317	6
湖南	Hunan	50	9168	135	10
广东	Guangdong	1154	391240	4650	203
广西	Guangxi	33	8250	160	10
海南	Hainan				
重庆	Chongqing	196	136508	3031	82
四川	Sichuan	75	114309	3060	59
贵州	Guizhou	6	273	18	
云南	Yunnan	7	1727	36	1
西藏	Tibet				
陕西	Shaanxi	6	593	6	1
甘肃	Gansu				
青海	Qinghai				
宁夏	Ningxia				
新疆	Xinjiang	3	183	5	

1-2-4 续表 3 continued

单位：个，人，亿元 (unit,person,100 million yuan)

地区	Region	医疗仪器设备及仪器仪表制造业 Manufacture of Medical Equipments and Measuring Instrument			
		企业数 Number of Enterprises	平均用工人数 Annual Average Employees	营业收入 Revenue	利润总额 Profits
全国	**Total**	**7256**	**1257503**	**11804**	**1583**
东部地区	Eastern Region	5285	917779	8794	1227
中部地区	Middle Region	1203	203989	1841	215
西部地区	Western Region	556	100548	928	117
东北地区	Northeastern Region	212	35187	241	24
北京	Beijing	291	50370	611	98
天津	Tianjin	127	17194	204	24
河北	Hebei	156	27364	222	37
山西	Shanxi	29	3507	28	3
内蒙古	Inner Mongolia	3	637	2	
辽宁	Liaoning	144	24674	188	22
吉林	Jilin	30	3278	17	2
黑龙江	Heilongjiang	38	7235	37	
上海	Shanghai	383	60972	705	107
江苏	Jiangsu	1526	253347	2646	330
浙江	Zhejiang	946	170827	1474	234
安徽	Anhui	233	26592	234	32
福建	Fujian	190	31273	276	28
江西	Jiangxi	190	38572	341	28
山东	Shandong	431	72589	621	87
河南	Henan	301	72478	568	51
湖北	Hubei	218	31484	315	30
湖南	Hunan	232	31356	355	71
广东	Guangdong	1235	233843	2034	283
广西	Guangxi	47	6443	35	4
海南	Hainan				
重庆	Chongqing	127	26957	206	26
四川	Sichuan	189	31523	353	43
贵州	Guizhou	28	2700	22	2
云南	Yunnan	25	3747	28	2
西藏	Tibet	1	44		
陕西	Shaanxi	117	24842	259	39
甘肃	Gansu	10	1794	6	
青海	Qinghai	1	425	1	
宁夏	Ningxia	4	1248	13	1
新疆	Xinjiang	4	188	2	1

1-2-5　按地区分国有及国有控股企业高技术产业生产经营情况(2020年)

Statistics on Production and Management in High-tech Industry of State-owned and State-controlled Enterprises by Region (2020)

单位：个，人，亿元　　(unit,person,100 million yuan)

地　区	Region	企业数 Number of Enterprises	平均用工人数 Annual Average Employees	营业收入 Revenue	利润总额 Profits
全　国	**Total**	**1885**	**1439284**	**19050**	**1207**
东部地区	Eastern Region	971	681897	9833	707
中部地区	Middle Region	339	301385	3377	161
西部地区	Western Region	495	396174	5144	264
东北地区	Northeastern Region	80	59828	696	75
北　京	Beijing	179	85364	1442	103
天　津	Tianjin	76	32705	432	37
河　北	Hebei	58	35720	322	17
山　西	Shanxi	23	14177	104	4
内蒙古	Inner Mongolia	15	6371	158	-4
辽　宁	Liaoning	42	46785	563	34
吉　林	Jilin	24	7116	104	39
黑龙江	Heilongjiang	14	5927	30	2
上　海	Shanghai	115	69636	806	-10
江　苏	Jiangsu	180	89205	1522	36
浙　江	Zhejiang	52	46032	552	166
安　徽	Anhui	79	48646	735	56
福　建	Fujian	50	42467	618	66
江　西	Jiangxi	34	33891	512	18
山　东	Shandong	94	59945	1268	80
河　南	Henan	50	68515	531	39
湖　北	Hubei	91	89584	991	-7
湖　南	Hunan	62	46572	506	51
广　东	Guangdong	163	219278	2855	209
广　西	Guangxi	22	12547	187	26
海　南	Hainan	4	1545	16	3
重　庆	Chongqing	59	41751	625	44
四　川	Sichuan	147	124306	2349	67
贵　州	Guizhou	55	43743	329	25
云　南	Yunnan	28	9950	118	13
西　藏	Tibet	3	640	3	
陕　西	Shaanxi	127	142915	1240	59
甘　肃	Gansu	20	10638	113	32
青　海	Qinghai	5	692	2	
宁　夏	Ningxia	3	913	2	-1
新　疆	Xinjiang	11	1708	19	2

1-3-1 按行业分高技术产业投资增长情况(2020年)
Growth Rate of Total Investment in High-tech Industry by Industrial Sector(2020)

单位：% (percent)

行业	Industry	全部投资增长 Growth Rate of Total Investment	国有 State-owned Enterprises	内资 Domestic Funded	港澳台投资 Funds from Hong Kong, Macau and Taiwan	外商投资 Foreign Funded Enterprises
合计	**Total**	**11.5**	**34.3**	**11.2**	**30.4**	**4.9**
医药制造业	Manufacture of Medicines	28.4	52.6	25.4	-10.4	67.2
电子及通信设备制造业	Manufacture of Electronic Equipment and Communication Equipment	8.2	29.6	7.8	21.2	5.1
计算机及办公设备制造业	Manufacture of Computers and Office Equipments	22.3	101.1	31.0	31.9	-39.1
医疗仪器设备及仪器仪表制造业	Manufacture of Medical Equipments and Meters	4.1	59.0	2.6	101.0	-9.4
信息化学品制造业	Manufacture of Electronic Chemicals	-45.9	-13.1	-36.8	35.4	-86.3

注：本表数据口径为年主营业务收入2000万元及以上的工业企业法人单位。下表同。

Note: Data in this table cover the industrial enterprises with revenue from principal business of over 20 million RMB. The same applies to the following tables.

1-4-1 各地区高技术产业投资增长情况(2020年)
Growth Rate of Total Investment in High-tech Industry by Region (2020)

单位：% (percent)

地区	Region	全部投资增长 Growth Rate of Total Investment	国有 State-owned Enterprises	内资 Domestic Funded	港澳台投资 Funds from Hong Kong, Macau and Taiwan	外商投资 Foreign Funded Enterprises
全国	**Total**	**11.5**	**34.3**	**11.2**	**30.4**	**4.9**
北京	Beijing	87.7	22.9	74.6	25.3	130.1
天津	Tianjin	3.3	22.9	31.6	11.7	-17.5
河北	Hebei	-17.2	-37.3	-14.7	-15.3	-82.8
山西	Shanxi	34.3	143.5	41.6	-56.3	2.4
内蒙古	Inner Mongolia	26.1	-84.0	27.8	-61.2	-2.3
辽宁	Liaoning	33.7	-46.1	-5.9	91.9	202.6
吉林	Jilin	12.2	174.9	21.7	-71.8	-81.6
黑龙江	Heilongjiang	13.7	36.5	15.4		-73.5
上海	Shanghai	61.3	26.5	31.6	-13.9	138.6
江苏	Jiangsu	4.5	29.5	1.4	42.8	0.2
浙江	Zhejiang	12.5	27.7	13.3	5.7	11.2
安徽	Anhui	-1.0	-36.4	1.0	49.1	-48.9
福建	Fujian	16.2	43.4	14.4	39.9	14.0
江西	Jiangxi	26.5	69.2	24.8	217.7	11.2
山东	Shandong	38.1	51.2	38.1	6.6	53.4
河南	Henan	24.3	13.1	26.6	-11.2	58.3
湖北	Hubei	-9.4	30.4	-8.9	-12.4	-23.5
湖南	Hunan	39.9	96.9	42.8	22.6	-53.0
广东	Guangdong	6.9	43.6	23.2	17.8	-32.2
广西	Guangxi	20.4	66.8	20.6	-16.9	138.3
海南	Hainan	79.1	568.8	184.7	11.6	-85.8
重庆	Chongqing	23.4	100.8	21.1	118.5	-17.0
四川	Sichuan	-8.0	19.7	-9.8	52.3	-5.4
贵州	Guizhou	-15.6	-9.6	-16.8	-87.5	54.6
云南	Yunnan	-17.7	-12.2	-19.2	37.9	
西藏	Tibet	30.1	68.5	30.1		
陕西	Shaanxi	13.4	-3.5	4.4	27.6	28.5
甘肃	Gansu	33.2	58.4	30.4		-46.6
青海	Qinghai	-24.0	-33.8	-24.0		
宁夏	Ningxia	60.4	383.2	59.7	-40.9	195.0
新疆	Xinjiang	-1.9	173.6	-1.7		-99.9

R&D 及相关活动情况
Statistics on R&D and Related Activities

2-1-1 按行业分高技术产业研发相关情况(2020年)

行业	Industry	有R&D活动的企业数(个) Number of Enterprises Having R&D Activities (unit)
合计	**Total**	**23635**
医药制造业	**Manufacture of Medicines**	**4803**
#化学药品制造	Manufacture of Chemical Medicine	1683
中成药生产	Manufacture of Finished Traditional Chinese Herbal Medicine	933
生物药品制品制造	Manufacture of Biopharmaceutical Products	668
电子及通信设备制造业	**Manufacture of Electronic Equipment and Communication Equipment**	**12197**
电子工业专用设备制造	Manufacture of Special Equipment for Electronic Industry	766
光纤光缆及锂离子电池制造	Manufacture of Optical Fiber and Cable, and Lithium Ion Battery	939
#锂离子电池制造	Manufacture of Lithium Ion Batteries	736
#通信设备、雷达及配套设备制造	Manufacture of Communication Equipment, Radar and Matching Equipment	1306
#通信系统设备制造	Manufacture of Communication System Equipment	653
通信终端设备制造	Manufacture of Communication Terminal Equipment	583
雷达及配套设备制造	Manufacture of Radar and Related Equipment	70
广播电视设备制造	Manufacture of Broadcasting and TV Equipment	336
非专业视听设备制造	Manufacture of Non-professional Audio-visual Equipment	602
电子器件制造	Manufacture of Electronic Appliances	2838
#电子真空器件制造	Manufacture of Electronic Vacuum Appliances	253
半导体分立器件制造	Manufacture of Semiconductor Discreting Appliances	264
集成电路制造	Manufacture of Integrate Circuit	563
光电子器件制造	Manufacture of Optoelectronic Devices	546
电子元件及电子专用材料制造	Manufacture of Electronic Components and Electronic Specialized Materials	3967
#电阻电容电感元件制造	Manufacture of Resistance, Capacitance and Inductance Components	646
电子电路制造	Manufacture of Electronic Circuit	843
电子专用材料制造	Manufacture of Electronic Specialized Materials	838
智能消费设备制造	Manufacturing of Intelligent Consumption Equipment	653
其他电子设备制造	Other Electronic Equipment	790
计算机及办公设备制造业	**Manufacture of Computers and Office Equipments**	**1380**
#计算机整机制造	Manufacture of Entired Computer	163
计算机零部件制造	Manufacture of Parts and Fixture for Computer	441
计算机外围设备制造	Manufacture of Computer Peripheral Equipment	392
办公设备制造	Manufacture of Office Equipment	152
医疗仪器设备及仪器仪表制造业	**Manufacture of Medical Equipments and Meters**	**4721**
#医疗仪器设备及器械制造	Manufacture of Medical Equipment and Appliances	1525
#医疗诊断、监护及治疗设备制造	Manufacture of Medical Diagnosis, Monitoring and Treatment Equipment	483
医疗、外科及兽医用器械制造	Manufacture of Medical, Surgical and Veterinary Instruments	414
通用仪器仪表制造	Manufacture of General Instruments	2111
专用仪器仪表制造	Manufacture of Special Instruments	674
信息化学品制造业	**Manufacture of Electronic Chemicals**	**109**

注：本表数据口径范围为年主营业务收入2000万元及以上的工业企业法人单位。以下各表相同。

R&D Statistics on High-tech Industry by Industrial Sector(2020)

R&D人员 (人) R&D Personnel (person)	#全时人员 Full-time Personnel	#研究人员 Researchers	R&D人员折合全时当量 (人年) Full-time Equivalent (man-year)	R&D经费内部支出 (万元) Intramural Expenditure on R&D (10000 yuan)	#人员劳务费 Labor Cost
1291478	**1032863**	**465545**	**990314**	**46490941**	**18329105**
185324	**141601**	**77136**	**134291**	**7845971**	**2053147**
84682	65351	37704	62346	3937905	1018956
35812	25729	13865	25417	1095088	312737
28760	23043	13732	21036	1701400	430972
797434	**644649**	**265497**	**623993**	**29329851**	**12371582**
25216	20568	8773	17863	786872	352196
50118	40062	17049	35380	2013930	643699
42612	34560	14495	29790	1682223	585549
233140	197520	89860	200114	10041551	5551952
65004	53289	30898	53561	2466660	1412633
162295	139454	56014	141828	7364195	4058990
5841	4777	2948	4726	210696	80329
15927	12613	5494	12415	457352	211003
36429	28926	11722	27645	1294512	466810
176846	140401	59319	137052	7762350	2559611
10575	8806	2578	8156	251824	90155
9084	6768	3364	6866	288206	99067
49159	39822	21243	38247	3392744	1143315
26448	20245	8557	19326	957878	313935
178942	139405	47256	134614	4866144	1717999
22588	17574	6339	16621	564842	211972
50866	39030	11137	39772	1211805	436728
29009	21346	9158	20622	1039751	258286
37256	29296	11645	26876	1144587	456684
43560	35858	14379	32035	962554	411628
90674	**74768**	**31708**	**67399**	**2763864**	**1282431**
22519	19548	9015	16761	930309	382811
22170	17512	4325	17744	568499	215833
19655	15758	6733	14309	467736	226081
8837	7406	3187	6798	212630	113599
160064	**128022**	**63533**	**121011**	**4472309**	**2010003**
48922	39069	18633	36010	1610221	670895
20097	16622	9296	15113	801835	364636
12781	10092	4137	9460	368107	139976
70777	56768	28351	53792	1772367	903304
21445	17718	8885	16532	573739	248804
3291	**2438**	**1315**	**2372**	**86420**	**28523**

Note: Data in this table cover the industrial enterprises with revenue from principal business of over 20 million RMB. The same applies to the following tables.

2-1-1 续表 1

行 业	Industry	#仪器和设备 Equipment
合计	**Total**	**3898919**
医药制造业	**Manufacture of Medicines**	**604871**
#化学药品制造	Manufacture of Chemical Medicine	301245
中成药生产	Manufacture of Finished Traditional Chinese Herbal Medicine	65975
生物药品制品制造	Manufacture of Biopharmaceutical Products	134311
电子及通信设备制造业	**Manufacture of Electronic Equipment and Communication Equipment**	**2787567**
电子工业专用设备制造	Manufacture of Special Equipment for Electronic Industry	56546
光纤光缆及锂离子电池制造	Manufacture of Optical Fiber and Cable, and Lithium Ion Battery	218892
#锂离子电池制造	Manufacture of Lithium Ion Batteries	189080
#通信设备、雷达及配套设备制造	Manufacture of Communication Equipment, Radar and Matching Equipment	699232
#通信系统设备制造	Manufacture of Communication System Equipment	93358
通信终端设备制造	Manufacture of Communication Terminal Equipment	588540
雷达及配套设备制造	Manufacture of Radar and Related Equipment	17334
广播电视设备制造	Manufacture of Broadcasting and TV Equipment	47424
非专业视听设备制造	Manufacture of Non-professional Audio-visual Equipment	47980
电子器件制造	Manufacture of Electronic Appliances	1223198
#电子真空器件制造	Manufacture of Electronic Vacuum Appliances	22123
半导体分立器件制造	Manufacture of Semiconductor Discreting Appliances	49658
集成电路制造	Manufacture of Integrate Circuit	640580
光电子器件制造	Manufacture of Optoelectronic Devices	87616
电子元件及电子专用材料制造	Manufacture of Electronic Components and Electronic Specialized Materials	418823
#电阻电容电感元件制造	Manufacture of Resistance, Capacitance and Inductance Components	65609
电子电路制造	Manufacture of Electronic Circuit	140964
电子专用材料制造	Manufacture of Electronic Specialized Materials	74051
智能消费设备制造	Manufacturing of Intelligent Consumption Equipment	40331
其他电子设备制造	Other Electronic Equipment	35141
计算机及办公设备制造业	**Manufacture of Computers and Office Equipments**	**83911**
#计算机整机制造	Manufacture of Entired Computer	30914
计算机零部件制造	Manufacture of Parts and Fixture for Computer	17769
计算机外围设备制造	Manufacture of Computer Peripheral Equipment	16630
办公设备制造	Manufacture of Office Equipment	3283
医疗仪器设备及仪器仪表制造业	**Manufacture of Medical Equipments and Meters**	**277845**
#医疗仪器设备及器械制造	Manufacture of Medical Equipment and Appliances	107050
#医疗诊断、监护及治疗设备制造	Manufacture of Medical Diagnosis, Monitoring and Treatment Equipment	38501
医疗、外科及兽医用器械制造	Manufacture of Medical, Surgical and Veterinary Instruments	34146
通用仪器仪表制造	Manufacture of General Instruments	73924
专用仪器仪表制造	Manufacture of Special Instruments	28567
信息化学品制造业	**Manufacture of Electronic Chemicals**	**10510**

continued

#政府资金 Government Funds	#企业资金 Self-raised Funds by Enterprises	R&D经费外部支出(万元) External Expenditure on R&D (10000 yuan)	新产品开发项目数(项) New Products (item)	新产品开发经费支出(万元) Expenditure on New Products Development	新产品销售收入(万元) Sales Revenue of New Products (10000 yuan)
2642867	**43598141**	**5631565**	**184487**	**61523656**	**685491445**
196865	**7609088**	**1219076**	**42145**	**8831876**	**76981144**
71578	3832664	701959	18744	4418476	40260794
38848	1055516	198636	7752	1204231	13090253
58754	1638520	243098	6761	1946091	9828506
1402467	**27818681**	**3230051**	**88889**	**40641200**	**477040922**
80997	704125	22359	5172	967149	6544547
43840	1945282	41678	6485	2313712	32348447
36565	1620850	35380	5131	1954751	28267711
304214	9718885	2287954	11945	17170416	211568764
111966	2347491	133906	5405	3639445	36041307
151956	7200989	2138916	5773	13269275	174397342
40291	170405	15132	767	261697	1130116
2894	452825	9298	2487	546185	6840964
17029	1274566	98245	4410	1688182	29019133
760723	6959549	370035	22427	9316881	85480093
8012	241888	5289	1842	284456	3338063
5402	281049	11068	1823	367715	2802066
537227	2829685	222939	5081	3937505	16956236
76715	879558	25615	4036	1214309	13168357
115930	4742360	142395	24654	5746458	73809788
4823	557929	12188	3632	651232	6907090
7479	1203829	4137	5535	1516119	21600479
23242	1013949	17943	4977	1113023	16094429
16784	1121889	196122	5234	1552546	20109568
60058	899198	61965	6075	1339670	11319617
50432	**2652325**	**249568**	**11905**	**3440193**	**73436741**
23568	849300	141877	1994	1234789	46378410
3659	564661	16634	2785	629257	11350538
6343	458261	17130	3106	581474	7409817
4475	207942	6955	1134	256526	2044750
203251	**4240670**	**248745**	**36385**	**5679165**	**39750132**
82816	1507701	130581	12432	2142214	12862348
69384	714609	95048	4770	1055610	5976485
5313	362386	15190	3181	462648	3291936
51967	1714816	74727	15810	2163270	18483814
39007	534277	29508	5299	772381	4565752
2307	**81577**	**2618**	**589**	**123586**	**2028247**

2-1-1 续表 2

行业	Industry	#出口 Exports
合计	**Total**	**248802768**
医药制造业	**Manufacture of Medicines**	**8891752**
#化学药品制造	Manufacture of Chemical Medicine	4878662
中成药生产	Manufacture of Finished Traditional Chinese Herbal Medicine	146469
生物药品制品制造	Manufacture of Biopharmaceutical Products	1817962
电子及通信设备制造业	**Manufacture of Electronic Equipment and Communication Equipment**	**185325379**
电子工业专用设备制造	Manufacture of Special Equipment for Electronic Industry	913752
光纤光缆及锂离子电池制造	Manufacture of Optical Fiber and Cable, and Lithium Ion Battery	6830294
#锂离子电池制造	Manufacture of Lithium Ion Batteries	6474432
#通信设备、雷达及配套设备制造	Manufacture of Communication Equipment, Radar and Matching Equipment	90805764
#通信系统设备制造	Manufacture of Communication System Equipment	9042989
通信终端设备制造	Manufacture of Communication Terminal Equipment	81744186
雷达及配套设备制造	Manufacture of Radar and Related Equipment	18588
广播电视设备制造	Manufacture of Broadcasting and TV Equipment	2564492
非专业视听设备制造	Manufacture of Non-professional Audio-visual Equipment	11641292
电子器件制造	Manufacture of Electronic Appliances	32864217
#电子真空器件制造	Manufacture of Electronic Vacuum Appliances	1250896
半导体分立器件制造	Manufacture of Semiconductor Discreting Appliances	656573
集成电路制造	Manufacture of Integrate Circuit	5615886
光电子器件制造	Manufacture of Optoelectronic Devices	3208736
电子元件及电子专用材料制造	Manufacture of Electronic Components and Electronic Specialized Materials	25455396
#电阻电容电感元件制造	Manufacture of Resistance, Capacitance and Inductance Components	2358825
电子电路制造	Manufacture of Electronic Circuit	10183988
电子专用材料制造	Manufacture of Electronic Specialized Materials	2294779
智能消费设备制造	Manufacturing of Intelligent Consumption Equipment	10368783
其他电子设备制造	Other Electronic Equipment	3881390
计算机及办公设备制造业	**Manufacture of Computers and Office Equipments**	**46433286**
#计算机整机制造	Manufacture of Entired Computer	32346487
计算机零部件制造	Manufacture of Parts and Fixture for Computer	7434038
计算机外围设备制造	Manufacture of Computer Peripheral Equipment	4033384
办公设备制造	Manufacture of Office Equipment	786527
医疗仪器设备及仪器仪表制造业	**Manufacture of Medical Equipments and Meters**	**7398780**
#医疗仪器设备及器械制造	Manufacture of Medical Equipment and Appliances	3920932
#医疗诊断、监护及治疗设备制造	Manufacture of Medical Diagnosis, Monitoring and Treatment Equipment	2217913
医疗、外科及兽医用器械制造	Manufacture of Medical, Surgical and Veterinary Instruments	770919
通用仪器仪表制造	Manufacture of General Instruments	1954026
专用仪器仪表制造	Manufacture of Special Instruments	620768
信息化学品制造业	**Manufacture of Electronic Chemicals**	**357696**

continued

专利申请数 (件) Patent Applications (unit)	#发明专利 Invention Patents	有效发明专利数 (件) Number of Patents In Force (unit)	引进技术经费支出 (万元) Expenditure for Acquisition of Foreign Technology (10000 yuan)	消化吸收经费支出 (万元) Expenditure for Assimilation of Technology (10000 yuan)	购买境内技术经费支出 (万元) Expenditure for Purchase of Domestic Technology (10000 yuan)
348522	**174641**	**570905**	**1807298**	**120794**	**2519174**
29107	**14633**	**56784**	**66611**	**26209**	**234589**
11755	6936	24753	53809	4741	164937
4730	2070	13365	89	165	16324
5036	3007	9163	3159	21291	24581
230859	**124296**	**394812**	**1624540**	**92526**	**2003876**
9889	3667	10891	1783	1013	447
15978	6780	13239	22380	6021	56739
13818	5820	10153	20549	6021	56729
68920	51168	197332	1364183		1792190
18479	12312	56940	108		4915
49356	38304	138576	1364075		1782050
1085	552	1816			5225
4741	1466	5839			2780
9871	4113	11620	6446	1252	25696
62275	36662	91900	191761	9140	78309
6533	4526	2897	669		2164
2118	645	2833	885		3297
16728	12112	27809	163039	9131	41554
11214	4863	12079	4327		3568
37414	13387	42782	34286	748	41028
4444	1322	4801	227		3387
7005	2309	7658	26682		14473
7814	3482	9476	807		2770
11150	3245	6997	3392		4384
10621	3808	14212	309	74352	2302
20114	**8080**	**38091**	**11024**	**1747**	**30634**
4190	2344	14287	2355		13620
4062	1240	3531	633		1330
5706	1862	7205	1509	1747	10247
2105	670	7399	65		230
57185	**20970**	**64260**	**69282**	**311**	**35748**
20499	7704	25520	57262	217	10718
8600	4036	11666	56540	186	7762
4353	1403	5414	48		1283
23835	8365	25580	8542	88	14885
8575	3124	7692	46	6	8400
818	**432**	**1346**	**324**		**1133**

2-1-1 续表 3

行 业	Industry	技术改造经费支出（万元）Expenditure for Technical Renovation (10000 yuan)
合计	**Total**	**6298740**
医药制造业	**Manufacture of Medicines**	**1077921**
#化学药品制造	Manufacture of Chemical Medicine	660042
中成药生产	Manufacture of Finished Traditional Chinese Herbal Medicine	133523
生物药品制品制造	Manufacture of Biopharmaceutical Products	61610
电子及通信设备制造业	**Manufacture of Electronic Equipment and Communication Equipment**	**3865151**
电子工业专用设备制造	Manufacture of Special Equipment for Electronic Industry	56360
光纤光缆及锂离子电池制造	Manufacture of Optical Fiber and Cable, and Lithium Ion Battery	244292
#锂离子电池制造	Manufacture of Lithium Ion Batteries	214457
#通信设备、雷达及配套设备制造	Manufacture of Communication Equipment, Radar and Matching Equipment	682278
#通信系统设备制造	Manufacture of Communication System Equipment	67522
通信终端设备制造	Manufacture of Communication Terminal Equipment	599999
雷达及配套设备制造	Manufacture of Radar and Related Equipment	14757
广播电视设备制造	Manufacture of Broadcasting and TV Equipment	56017
非专业视听设备制造	Manufacture of Non-professional Audio-visual Equipment	240077
电子器件制造	Manufacture of Electronic Appliances	1215203
#电子真空器件制造	Manufacture of Electronic Vacuum Appliances	90259
半导体分立器件制造	Manufacture of Semiconductor Discreting Appliances	50846
集成电路制造	Manufacture of Integrate Circuit	351949
光电子器件制造	Manufacture of Optoelectronic Devices	141916
电子元件及电子专用材料制造	Manufacture of Electronic Components and Electronic Specialized Materials	1115473
#电阻电容电感元件制造	Manufacture of Resistance, Capacitance and Inductance Components	189483
电子电路制造	Manufacture of Electronic Circuit	485106
电子专用材料制造	Manufacture of Electronic Specialized Materials	132848
智能消费设备制造	Manufacturing of Intelligent Consumption Equipment	170954
其他电子设备制造	Other Electronic Equipment	84496
计算机及办公设备制造业	**Manufacture of Computers and Office Equipments**	**388685**
#计算机整机制造	Manufacture of Entired Computer	228801
计算机零部件制造	Manufacture of Parts and Fixture for Computer	83272
计算机外围设备制造	Manufacture of Computer Peripheral Equipment	24914
办公设备制造	Manufacture of Office Equipment	8072
医疗仪器设备及仪器仪表制造业	**Manufacture of Medical Equipments and Meters**	**354958**
#医疗仪器设备及器械制造	Manufacture of Medical Equipment and Appliances	95773
#医疗诊断、监护及治疗设备制造	Manufacture of Medical Diagnosis, Monitoring and Treatment Equipment	34066
医疗、外科及兽医用器械制造	Manufacture of Medical, Surgical and Veterinary Instruments	21952
通用仪器仪表制造	Manufacture of General Instruments	169126
专用仪器仪表制造	Manufacture of Special Instruments	51264
信息化学品制造业	**Manufacture of Electronic Chemicals**	**13816**

continued

有研发机构的企业数(个) Number of Enterprises with R&D Institutions (unit)	机构数(个) R&D Institutions (unit)	机构人员(人) Personnel in R&D Institutions (person)	机构经费支出(万元) Expenditure in R&D Institutions (10000 yuan)	#仪器设备 Equipment
17100	**20185**	**1195561**	**50614628**	**28081401**
2968	**3756**	**163800**	**7633424**	**5717273**
1128	1495	82549	4232802	3550014
547	690	29673	1065922	629314
381	496	26057	1571876	986865
9574	**11084**	**775590**	**35152625**	**16907286**
551	625	24340	683489	241312
721	887	50389	1875047	1165592
571	689	44896	1655439	954984
1007	1336	272887	19794089	3220521
482	634	80291	3594600	657867
475	634	186668	15985306	2431109
50	68	5928	214183	131544
266	291	15271	410883	223407
545	611	29508	914326	383413
2260	2588	153538	5715072	6461156
196	218	6238	139375	173316
189	218	8289	221562	376958
389	455	32452	1678064	1957760
425	484	25044	894190	612201
3066	3419	159319	3834733	4413098
456	496	19086	419285	442555
753	824	51180	1181941	1555891
559	674	19970	715110	800266
515	612	32088	1026486	474854
643	715	38250	898501	323934
1215	**1382**	**79279**	**2648859**	**915825**
148	157	16687	861918	226148
384	424	20901	589893	202265
335	377	18131	458570	220529
131	153	7282	208683	71788
3051	**3585**	**134513**	**3875344**	**2431347**
946	1084	40279	1431642	644273
309	364	18387	802932	296769
235	272	9079	240333	128984
1383	1654	60208	1530136	1037138
452	548	19900	511930	333069
73	**87**	**2897**	**85482**	**140656**

2-1-2 按行业分大型企业高技术产业研发相关情况(2020年)

行 业	Industry	有R&D活动的企业数(个) Number of Enterprises Having R&D Activities (unit)
合计	**Total**	**1525**
医药制造业	**Manufacture of Medicines**	**251**
#化学药品制造	Manufacture of Chemical Medicine	139
中成药生产	Manufacture of Finished Traditional Chinese Herbal Medicine	60
生物药品制品制造	Manufacture of Biopharmaceutical Products	27
电子及通信设备制造业	**Manufacture of Electronic Equipment and Communication Equipment**	**961**
电子工业专用设备制造	Manufacture of Special Equipment for Electronic Industry	18
光纤光缆及锂离子电池制造	Manufacture of Optical Fiber and Cable, and Lithium Ion Battery	75
#锂离子电池制造	Manufacture of Lithium Ion Batteries	69
#通信设备、雷达及配套设备制造	Manufacture of Communication Equipment, Radar and Matching Equipment	132
#通信系统设备制造	Manufacture of Communication System Equipment	43
通信终端设备制造	Manufacture of Communication Terminal Equipment	84
雷达及配套设备制造	Manufacture of Radar and Related Equipment	5
广播电视设备制造	Manufacture of Broadcasting and TV Equipment	24
非专业视听设备制造	Manufacture of Non-professional Audio-visual Equipment	59
电子器件制造	Manufacture of Electronic Appliances	282
#电子真空器件制造	Manufacture of Electronic Vacuum Appliances	17
半导体分立器件制造	Manufacture of Semiconductor Discreting Appliances	21
集成电路制造	Manufacture of Integrate Circuit	69
光电子器件制造	Manufacture of Optoelectronic Devices	47
电子元件及电子专用材料制造	Manufacture of Electronic Components and Electronic Specialized Materials	287
#电阻电容电感元件制造	Manufacture of Resistance, Capacitance and Inductance Components	39
电子电路制造	Manufacture of Electronic Circuit	110
电子专用材料制造	Manufacture of Electronic Specialized Materials	30
智能消费设备制造	Manufacturing of Intelligent Consumption Equipment	41
其他电子设备制造	Other Electronic Equipment	43
计算机及办公设备制造业	**Manufacture of Computers and Office Equipments**	**138**
#计算机整机制造	Manufacture of Entired Computer	28
计算机零部件制造	Manufacture of Parts and Fixture for Computer	57
计算机外围设备制造	Manufacture of Computer Peripheral Equipment	29
办公设备制造	Manufacture of Office Equipment	11
医疗仪器设备及仪器仪表制造业	**Manufacture of Medical Equipments and Meters**	**104**
#医疗仪器设备及器械制造	Manufacture of Medical Equipment and Appliances	36
#医疗诊断、监护及治疗设备制造	Manufacture of Medical Diagnosis, Monitoring and Treatment Equipment	16
医疗、外科及兽医用器械制造	Manufacture of Medical, Surgical and Veterinary Instruments	15
通用仪器仪表制造	Manufacture of General Instruments	43
专用仪器仪表制造	Manufacture of Special Instruments	11
信息化学品制造业	**Manufacture of Electronic Chemicals**	**3**

R&D Statistics on High-tech Industry of Large-size Enterprises by Industrial Sector(2020)

R&D人员 (人) R&D Personnel (person)	#全时人员 Full-time Personnel	#研究人员 Researchers	R&D人员折合全时当量 (人年) Full-time Equivalent (man-year)	R&D经费内部支出 (万元) Intramural Expenditure on R&D (10000 yuan)	#人员劳务费 Labor Cost
635214	**514152**	**239834**	**507840**	**27539314**	**11547505**
56557	**44400**	**26699**	**42234**	**3331878**	**816138**
33511	25965	16569	25733	2167825	501507
11199	8685	4544	8109	420026	122459
5477	4760	2957	3796	481567	118328
462414	**377288**	**162913**	**376411**	**20009167**	**9007867**
5668	4816	2278	4371	224071	130644
25026	20470	9309	16976	1226862	434650
23371	19186	8536	15718	1134183	419733
187690	159858	72482	164983	8752477	4973151
40332	32720	20529	33909	1781256	1089282
144440	124765	50430	128602	6850313	3845331
2918	2373	1523	2472	120908	38538
6239	4849	2247	5102	247661	108876
20104	15720	7264	15417	910203	322285
97828	76583	33169	79303	5098361	1655369
4912	4261	1130	4163	120140	51077
2638	1986	1150	1926	87069	30276
26924	21095	11370	21946	2388280	734423
10836	7771	3382	8055	488364	155886
79603	62349	23229	60983	2402752	933608
7608	5911	2470	5535	232356	97558
28340	21991	7275	22677	725199	285806
6674	4459	2340	4610	275750	64705
17196	13657	5038	12705	666009	250794
23060	18986	7897	16572	480771	198491
47072	**39318**	**17325**	**34928**	**1631496**	**781703**
17396	15341	6976	13269	707474	309211
9959	7998	1739	8263	310568	115493
7459	5787	2709	5657	189244	89319
3778	3172	1345	2845	104586	56733
33342	**26028**	**15366**	**26366**	**1182372**	**549049**
10717	8607	4515	8105	416615	196494
5798	5019	3083	4426	278800	138148
2743	2240	731	2151	97247	39046
11899	9239	5821	9686	388523	243237
3111	2539	1371	2659	121727	29932
555	**379**	**278**	**461**	**12557**	**6089**

2-1-2 续表 1

行业	Industry	#仪器和设备 Equipment
合计	**Total**	**2317760**
医药制造业	**Manufacture of Medicines**	**238870**
#化学药品制造	Manufacture of Chemical Medicine	150413
中成药生产	Manufacture of Finished Traditional Chinese Herbal Medicine	20565
生物药品制品制造	Manufacture of Biopharmaceutical Products	41064
电子及通信设备制造业	**Manufacture of Electronic Equipment and Communication Equipment**	**1875007**
电子工业专用设备制造	Manufacture of Special Equipment for Electronic Industry	6417
光纤光缆及锂离子电池制造	Manufacture of Optical Fiber and Cable, and Lithium Ion Battery	159388
#锂离子电池制造	Manufacture of Lithium Ion Batteries	153891
#通信设备、雷达及配套设备制造	Manufacture of Communication Equipment, Radar and Matching Equipment	632659
#通信系统设备制造	Manufacture of Communication System Equipment	57810
通信终端设备制造	Manufacture of Communication Terminal Equipment	560031
雷达及配套设备制造	Manufacture of Radar and Related Equipment	14819
广播电视设备制造	Manufacture of Broadcasting and TV Equipment	39612
非专业视听设备制造	Manufacture of Non-professional Audio-visual Equipment	32394
电子器件制造	Manufacture of Electronic Appliances	794199
#电子真空器件制造	Manufacture of Electronic Vacuum Appliances	7622
半导体分立器件制造	Manufacture of Semiconductor Discreting Appliances	16902
集成电路制造	Manufacture of Integrate Circuit	493400
光电子器件制造	Manufacture of Optoelectronic Devices	36982
电子元件及电子专用材料制造	Manufacture of Electronic Components and Electronic Specialized Materials	182236
#电阻电容电感元件制造	Manufacture of Resistance, Capacitance and Inductance Components	40395
电子电路制造	Manufacture of Electronic Circuit	70246
电子专用材料制造	Manufacture of Electronic Specialized Materials	9219
智能消费设备制造	Manufacturing of Intelligent Consumption Equipment	15019
其他电子设备制造	Other Electronic Equipment	13084
计算机及办公设备制造业	**Manufacture of Computers and Office Equipments**	**46065**
#计算机整机制造	Manufacture of Entired Computer	21746
计算机零部件制造	Manufacture of Parts and Fixture for Computer	6920
计算机外围设备制造	Manufacture of Computer Peripheral Equipment	7462
办公设备制造	Manufacture of Office Equipment	1509
医疗仪器设备及仪器仪表制造业	**Manufacture of Medical Equipments and Meters**	**91184**
#医疗仪器设备及器械制造	Manufacture of Medical Equipment and Appliances	30705
#医疗诊断、监护及治疗设备制造	Manufacture of Medical Diagnosis, Monitoring and Treatment Equipment	14295
医疗、外科及兽医用器械制造	Manufacture of Medical, Surgical and Veterinary Instruments	10308
通用仪器仪表制造	Manufacture of General Instruments	18036
专用仪器仪表制造	Manufacture of Special Instruments	6982
信息化学品制造业	**Manufacture of Electronic Chemicals**	**156**

continued

#政府资金 Government Funds	#企业资金 Self-raised Funds by Enterprises	R&D经费外部支出(万元) External Expenditure on R&D (10000 yuan)	新产品开发项目数(项) New Products (item)	新产品开发经费支出(万元) Expenditure on New Products Development	新产品销售收入(万元) Sales Revenue of New Products (10000 yuan)
1983717	**25390730**	**3871023**	**30419**	**37655258**	**469655825**
78076	**3233041**	**466463**	**8163**	**3716637**	**36440106**
42353	2104717	289244	5030	2477443	22328984
15986	404037	93629	1576	439148	6037695
10968	470599	60035	614	480417	2870244
1111358	**18816961**	**2799489**	**16333**	**28540580**	**354403018**
47271	176800	4536	315	243478	1455876
36581	1165877	13430	1372	1365654	21221387
31146	1078633	12587	1195	1272431	20234380
276204	8461898	2189208	2890	15411312	187276310
96260	1679288	103949	596	2703830	24718957
142397	6699248	2077713	2212	12587712	162079742
37546	83362	7546	82	119770	477610
1113	246548	5877	442	272961	4025175
13847	894410	69711	873	1149945	20588686
609193	4455330	240140	4932	5890656	60155268
1969	118172	2584	455	129143	1841639
114	85656	3723	332	111569	872938
422303	1941135	132805	832	2610584	11772392
62525	425838	10704	639	622012	6917521
70958	2330620	88339	4086	2683297	40168938
1427	229955	6423	560	264275	3156007
3662	721430	345	1516	906718	14101195
1906	273844	1303	405	230444	4329336
4021	657932	143980	648	864541	13719347
52171	427548	44268	775	658737	5792030
14251	**1562246**	**169138**	**1907**	**1908285**	**57348401**
727	652074	132294	692	941108	43244512
2048	308454	10354	522	309427	7434766
2273	186795	5012	339	195696	3549021
3458	101128	826	140	116062	772782
102793	**1079564**	**62373**	**2115**	**1331042**	**10637017**
54171	362429	39948	804	527690	3918698
51979	226821	38466	379	347588	2534139
526	96705	1208	275	105567	1068972
9021	379502	8191	924	401728	4015968
19982	101745	7863	232	132476	1054665
163	**12394**	**1566**	**47**	**16719**	**216880**

2-1-2 续表 2

行业	Industry	#出口 Exports
合计	**Total**	**209125399**
医药制造业	**Manufacture of Medicines**	**3827638**
#化学药品制造	Manufacture of Chemical Medicine	2490530
中成药生产	Manufacture of Finished Traditional Chinese Herbal Medicine	99221
生物药品制品制造	Manufacture of Biopharmaceutical Products	476986
电子及通信设备制造业	**Manufacture of Electronic Equipment and Communication Equipment**	**161419907**
电子工业专用设备制造	Manufacture of Special Equipment for Electronic Industry	250344
光纤光缆及锂离子电池制造	Manufacture of Optical Fiber and Cable, and Lithium Ion Battery	5901251
#锂离子电池制造	Manufacture of Lithium Ion Batteries	5760586
#通信设备、雷达及配套设备制造	Manufacture of Communication Equipment, Radar and Matching Equipment	87312890
#通信系统设备制造	Manufacture of Communication System Equipment	7040788
通信终端设备制造	Manufacture of Communication Terminal Equipment	80272101
雷达及配套设备制造	Manufacture of Radar and Related Equipment	
广播电视设备制造	Manufacture of Broadcasting and TV Equipment	1791469
非专业视听设备制造	Manufacture of Non-professional Audio-visual Equipment	7600637
电子器件制造	Manufacture of Electronic Appliances	27918815
#电子真空器件制造	Manufacture of Electronic Vacuum Appliances	1063433
半导体分立器件制造	Manufacture of Semiconductor Discreting Appliances	221824
集成电路制造	Manufacture of Integrate Circuit	4508709
光电子器件制造	Manufacture of Optoelectronic Devices	2108285
电子元件及电子专用材料制造	Manufacture of Electronic Components and Electronic Specialized Materials	19432378
#电阻电容电感元件制造	Manufacture of Resistance, Capacitance and Inductance Components	1740694
电子电路制造	Manufacture of Electronic Circuit	8458787
电子专用材料制造	Manufacture of Electronic Specialized Materials	889951
智能消费设备制造	Manufacturing of Intelligent Consumption Equipment	8630792
其他电子设备制造	Other Electronic Equipment	2581332
计算机及办公设备制造业	**Manufacture of Computers and Office Equipments**	**41566660**
#计算机整机制造	Manufacture of Entired Computer	31524143
计算机零部件制造	Manufacture of Parts and Fixture for Computer	5898123
计算机外围设备制造	Manufacture of Computer Peripheral Equipment	2514128
办公设备制造	Manufacture of Office Equipment	448895
医疗仪器设备及仪器仪表制造业	**Manufacture of Medical Equipments and Meters**	**2146505**
#医疗仪器设备及器械制造	Manufacture of Medical Equipment and Appliances	1116524
#医疗诊断、监护及治疗设备制造	Manufacture of Medical Diagnosis, Monitoring and Treatment Equipment	828962
医疗、外科及兽医用器械制造	Manufacture of Medical, Surgical and Veterinary Instruments	256615
通用仪器仪表制造	Manufacture of General Instruments	425572
专用仪器仪表制造	Manufacture of Special Instruments	209302
信息化学品制造业	**Manufacture of Electronic Chemicals**	**56468**

continued

专利申请数 (件) Patent Applications (unit)		有效发明专利数 (件) Number of Patents In Force (unit)	引进技术经费支出 (万元) Expenditure for Acquisition of Foreign Technology (10000 yuan)	消化吸收经费支出 (万元) Expenditure for Assimilation of Technology (10000 yuan)	购买境内技术经费支出 (万元) Expenditure for Purchase of Domestic Technology (10000 yuan)
	#发明专利 Invention Patents				
145789	**99788**	**341410**	**1635637**	**33305**	**2082561**
6643	**4629**	**15290**	**63928**	**26032**	**156228**
4241	3311	9007	52033	4741	127323
1077	635	4633	51		11362
534	365	649	2753	21291	5162
118240	**83589**	**279611**	**1554176**	**7273**	**1898824**
1826	911	3500			50
6433	3650	4910	2492	6021	54398
5950	3356	4167	662	6021	54398
56676	46347	180825	1364044		1780248
11365	9460	48489			210
45083	36750	131632	1364044		1775760
228	137	704			4278
1557	423	971			1409
5461	3032	8151	2365	1252	22199
30560	21629	57037	154938		25685
370	111	476	669		
392	133	585			
8250	6846	14299	135215		18438
5470	2849	5245	2475		
10123	5086	15729	27021		11575
821	323	889			119
2424	1309	3528	25032		6371
1134	701	1447			1055
2122	657	1394	3317		2760
3482	1854	7094			500
6116	**3253**	**24276**	**7658**		**7477**
2487	1666	12633	2294		2247
735	253	875	411		
1346	610	2467			3328
825	260	5956	65		
9245	**4710**	**12354**	**9874**		**7259**
4342	2434	6355			469
3036	1977	5115			
572	230	497			469
2994	1311	3865	6441		944
741	247	760			4348
47	**39**	**185**			

2-1-2 续表 3

行　业	Industry	技术改造经费支出（万元）Expenditure for Technical Renovation (10000 yuan)
合计	**Total**	**4056123**
医药制造业	**Manufacture of Medicines**	**500276**
#化学药品制造	Manufacture of Chemical Medicine	346490
中成药生产	Manufacture of Finished Traditional Chinese Herbal Medicine	59868
生物药品制品制造	Manufacture of Biopharmaceutical Products	3486
电子及通信设备制造业	**Manufacture of Electronic Equipment and Communication Equipment**	**2609204**
电子工业专用设备制造	Manufacture of Special Equipment for Electronic Industry	8447
光纤光缆及锂离子电池制造	Manufacture of Optical Fiber and Cable, and Lithium Ion Battery	171531
#锂离子电池制造	Manufacture of Lithium Ion Batteries	162184
#通信设备、雷达及配套设备制造	Manufacture of Communication Equipment, Radar and Matching Equipment	588013
#通信系统设备制造	Manufacture of Communication System Equipment	29852
通信终端设备制造	Manufacture of Communication Terminal Equipment	546884
雷达及配套设备制造	Manufacture of Radar and Related Equipment	11276
广播电视设备制造	Manufacture of Broadcasting and TV Equipment	41342
非专业视听设备制造	Manufacture of Non-professional Audio-visual Equipment	194327
电子器件制造	Manufacture of Electronic Appliances	765736
#电子真空器件制造	Manufacture of Electronic Vacuum Appliances	26939
半导体分立器件制造	Manufacture of Semiconductor Discreting Appliances	9611
集成电路制造	Manufacture of Integrate Circuit	217666
光电子器件制造	Manufacture of Optoelectronic Devices	68197
电子元件及电子专用材料制造	Manufacture of Electronic Components and Electronic Specialized Materials	681629
#电阻电容电感元件制造	Manufacture of Resistance, Capacitance and Inductance Components	153107
电子电路制造	Manufacture of Electronic Circuit	352175
电子专用材料制造	Manufacture of Electronic Specialized Materials	21605
智能消费设备制造	Manufacturing of Intelligent Consumption Equipment	117497
其他电子设备制造	Other Electronic Equipment	40684
计算机及办公设备制造业	**Manufacture of Computers and Office Equipments**	**324967**
#计算机整机制造	Manufacture of Entired Computer	220769
计算机零部件制造	Manufacture of Parts and Fixture for Computer	63058
计算机外围设备制造	Manufacture of Computer Peripheral Equipment	9083
办公设备制造	Manufacture of Office Equipment	2740
医疗仪器设备及仪器仪表制造业	**Manufacture of Medical Equipments and Meters**	**146290**
#医疗仪器设备及器械制造	Manufacture of Medical Equipment and Appliances	15439
#医疗诊断、监护及治疗设备制造	Manufacture of Medical Diagnosis, Monitoring and Treatment Equipment	5838
医疗、外科及兽医用器械制造	Manufacture of Medical, Surgical and Veterinary Instruments	3777
通用仪器仪表制造	Manufacture of General Instruments	100588
专用仪器仪表制造	Manufacture of Special Instruments	18051
信息化学品制造业	**Manufacture of Electronic Chemicals**	**4077**

continued

有研发机构的企业数（个）Number of Enterprises with R&D Institutions (unit)	机构数（个）R&D Institutions (unit)	机构人员（人）Personnel in R&D Institutions (person)	机构经费支出（万元）Expenditure in R&D Institutions (10000 yuan)	#仪器设备 Equipment
1237	**2218**	**632613**	**34113759**	**16085352**
209	**406**	**58466**	**3747969**	**2856993**
124	255	37991	2517839	2358789
50	84	10802	553450	180754
22	38	5805	527805	206014
780	**1387**	**480206**	**26978411**	**10749934**
16	42	7453	221693	25614
61	144	28864	1206223	658230
58	137	27598	1146633	633119
105	258	231455	18525949	2552672
33	77	58176	2938351	324516
68	165	170589	15484072	2167971
4	16	2690	103526	60185
23	27	6957	228438	105748
48	81	13271	497469	168690
211	336	85084	3543834	4440659
10	13	1799	43860	67154
14	22	2304	67127	90866
44	71	14373	879050	1372352
38	46	11974	531906	307057
246	379	74542	1808660	2504243
38	54	7328	180427	208198
100	141	29427	729665	1041531
19	46	3425	142702	155428
34	67	14729	511856	187325
36	53	17851	434291	106753
110	**163**	**37518**	**1436808**	**383042**
15	16	11345	633586	113627
53	72	10478	333623	99613
20	27	6401	156872	44511
11	21	2960	107094	37253
81	**165**	**28987**	**1085337**	**624008**
30	46	10096	478552	167525
15	25	6498	380442	98724
10	16	2093	46728	23557
32	89	10423	314892	245447
9	20	3708	103030	92978
2	**2**	**109**	**1415**	**5904**

2-1-3 按行业分中型企业高技术产业研发相关情况(2020年)

行 业	Industry	有R&D活动的企业数(个) Number of Enterprises Having R&D Activities (unit)
合计	**Total**	**4452**
医药制造业	**Manufacture of Medicines**	**1010**
#化学药品制造	Manufacture of Chemical Medicine	441
中成药生产	Manufacture of Finished Traditional Chinese Herbal Medicine	244
生物药品制品制造	Manufacture of Biopharmaceutical Products	144
电子及通信设备制造业	**Manufacture of Electronic Equipment and Communication Equipment**	**2368**
电子工业专用设备制造	Manufacture of Special Equipment for Electronic Industry	88
光纤光缆及锂离子电池制造	Manufacture of Optical Fiber and Cable, and Lithium Ion Battery	203
#锂离子电池制造	Manufacture of Lithium Ion Batteries	169
#通信设备、雷达及配套设备制造	Manufacture of Communication Equipment, Radar and Matching Equipment	246
#通信系统设备制造	Manufacture of Communication System Equipment	119
通信终端设备制造	Manufacture of Communication Terminal Equipment	111
雷达及配套设备制造	Manufacture of Radar and Related Equipment	16
广播电视设备制造	Manufacture of Broadcasting and TV Equipment	67
非专业视听设备制造	Manufacture of Non-professional Audio-visual Equipment	123
电子器件制造	Manufacture of Electronic Appliances	537
#电子真空器件制造	Manufacture of Electronic Vacuum Appliances	51
半导体分立器件制造	Manufacture of Semiconductor Discreting Appliances	49
集成电路制造	Manufacture of Integrate Circuit	89
光电子器件制造	Manufacture of Optoelectronic Devices	132
电子元件及电子专用材料制造	Manufacture of Electronic Components and Electronic Specialized Materials	879
#电阻电容电感元件制造	Manufacture of Resistance, Capacitance and Inductance Components	143
电子电路制造	Manufacture of Electronic Circuit	227
电子专用材料制造	Manufacture of Electronic Specialized Materials	164
智能消费设备制造	Manufacturing of Intelligent Consumption Equipment	108
其他电子设备制造	Other Electronic Equipment	117
计算机及办公设备制造业	**Manufacture of Computers and Office Equipments**	**285**
#计算机整机制造	Manufacture of Entired Computer	21
计算机零部件制造	Manufacture of Parts and Fixture for Computer	125
计算机外围设备制造	Manufacture of Computer Peripheral Equipment	77
办公设备制造	Manufacture of Office Equipment	31
医疗仪器设备及仪器仪表制造业	**Manufacture of Medical Equipments and Meters**	**670**
#医疗仪器设备及器械制造	Manufacture of Medical Equipment and Appliances	242
#医疗诊断、监护及治疗设备制造	Manufacture of Medical Diagnosis, Monitoring and Treatment Equipment	73
医疗、外科及兽医用器械制造	Manufacture of Medical, Surgical and Veterinary Instruments	83
通用仪器仪表制造	Manufacture of General Instruments	258
专用仪器仪表制造	Manufacture of Special Instruments	96
信息化学品制造业	**Manufacture of Electronic Chemicals**	**27**

R&D Statistics on High-tech Industry of Medium-sized Enterprises by Industrial Sector (2020)

R&D人员 (人) R&D Personnel (person)	#全时人员 Full-time Personnel	#研究人员 Researchers	R&D人员折合全时当量 (人年) Full-time Equivalent (man-year)	R&D经费内部支出 (万元) Intramural Expenditure on R&D (10000 yuan)	#人员劳务费 Labor Cost
305821	**239118**	**110299**	**227120**	**9746564**	**3534893**
61448	**45860**	**26494**	**44438**	**2581490**	**704387**
27579	21067	12304	19764	1112375	325126
12359	8284	5335	8934	415498	126072
11769	9303	5862	8875	726506	171025
160926	**126780**	**50575**	**120105**	**4727032**	**1755217**
7383	5825	2714	5063	257281	104692
12844	9917	4166	9678	438906	119330
10306	8139	3356	7789	311373	98503
23256	19240	8965	18573	660803	324341
12938	10627	5651	10825	365812	183707
8855	7414	2580	6565	258886	122221
1463	1199	734	1183	36105	18413
4888	4025	1765	3656	105977	56011
7834	6279	2254	5818	204566	79659
37357	29702	12916	27364	1392557	453924
2788	2308	800	1951	75506	22217
2917	2158	1177	2355	106087	38954
9562	7890	4325	6987	455464	175147
8580	6625	2963	6075	281969	96029
49862	38088	12119	37131	1273015	418573
7174	5589	1972	5250	154141	59572
13478	9918	2308	10205	311265	100028
10514	7785	3341	7520	393996	96139
9416	7135	3099	6631	202723	101145
8086	6569	2577	6190	191203	97542
21843	**17501**	**7485**	**16489**	**601234**	**278956**
2490	1950	1086	1687	113885	40621
6956	5377	1444	5568	151559	61827
6225	5040	2160	4314	142736	76717
2608	2237	1134	2129	59192	36067
49540	**39433**	**20090**	**37220**	**1439583**	**662870**
15895	12561	6254	11658	586542	237460
6121	4982	2882	4952	277735	124045
4623	3613	1701	3135	138095	51397
21874	17471	9200	16526	549349	280013
7183	6015	3103	5503	197316	99157
1477	**1138**	**636**	**1024**	**37600**	**13650**

2-1-3 续表 1

行 业	Industry	#仪器和设备 Equipment
合计	**Total**	**902511**
医药制造业	**Manufacture of Medicines**	**222119**
#化学药品制造	Manufacture of Chemical Medicine	99490
中成药生产	Manufacture of Finished Traditional Chinese Herbal Medicine	27266
生物药品制品制造	Manufacture of Biopharmaceutical Products	56876
电子及通信设备制造业	**Manufacture of Electronic Equipment and Communication Equipment**	**533783**
电子工业专用设备制造	Manufacture of Special Equipment for Electronic Industry	27976
光纤光缆及锂离子电池制造	Manufacture of Optical Fiber and Cable, and Lithium Ion Battery	36439
#锂离子电池制造	Manufacture of Lithium Ion Batteries	19888
#通信设备、雷达及配套设备制造	Manufacture of Communication Equipment, Radar and Matching Equipment	28166
#通信系统设备制造	Manufacture of Communication System Equipment	17118
通信终端设备制造	Manufacture of Communication Terminal Equipment	10598
雷达及配套设备制造	Manufacture of Radar and Related Equipment	450
广播电视设备制造	Manufacture of Broadcasting and TV Equipment	4160
非专业视听设备制造	Manufacture of Non-professional Audio-visual Equipment	8542
电子器件制造	Manufacture of Electronic Appliances	269538
#电子真空器件制造	Manufacture of Electronic Vacuum Appliances	11000
半导体分立器件制造	Manufacture of Semiconductor Discreting Appliances	24210
集成电路制造	Manufacture of Integrate Circuit	63460
光电子器件制造	Manufacture of Optoelectronic Devices	26730
电子元件及电子专用材料制造	Manufacture of Electronic Components and Electronic Specialized Materials	143370
#电阻电容电感元件制造	Manufacture of Resistance, Capacitance and Inductance Components	11260
电子电路制造	Manufacture of Electronic Circuit	47612
电子专用材料制造	Manufacture of Electronic Specialized Materials	38324
智能消费设备制造	Manufacturing of Intelligent Consumption Equipment	7538
其他电子设备制造	Other Electronic Equipment	8054
计算机及办公设备制造业	**Manufacture of Computers and Office Equipments**	**20271**
#计算机整机制造	Manufacture of Entired Computer	6793
计算机零部件制造	Manufacture of Parts and Fixture for Computer	4781
计算机外围设备制造	Manufacture of Computer Peripheral Equipment	4697
办公设备制造	Manufacture of Office Equipment	54
医疗仪器设备及仪器仪表制造业	**Manufacture of Medical Equipments and Meters**	**92856**
#医疗仪器设备及器械制造	Manufacture of Medical Equipment and Appliances	40449
#医疗诊断、监护及治疗设备制造	Manufacture of Medical Diagnosis, Monitoring and Treatment Equipment	13120
医疗、外科及兽医用器械制造	Manufacture of Medical, Surgical and Veterinary Instruments	13939
通用仪器仪表制造	Manufacture of General Instruments	21476
专用仪器仪表制造	Manufacture of Special Instruments	12154
信息化学品制造业	**Manufacture of Electronic Chemicals**	**3203**

continued

#政府资金 Government Funds	#企业资金 Self-raised Funds by Enterprises	R&D经费外部支出(万元) External Expenditure on R&D (10000 yuan)	新产品开发项目数(项) New Products (item)	新产品开发经费支出(万元) Expenditure on New Products Development	新产品销售收入(万元) Sales Revenue of New Products (10000 yuan)
370293	**9325806**	**1049313**	**46636**	**11798299**	**122330779**
73260	**2495542**	**463082**	**13624**	**2876549**	**24859900**
17868	1083565	254175	6493	1192401	11873586
16146	399092	65367	2836	457380	4666903
32514	692562	117409	2377	889953	4684835
175788	**4534379**	**214482**	**20873**	**5965042**	**71675238**
29109	226817	10525	1060	317989	2215643
2709	436191	20872	1624	510075	5960918
1887	309479	16364	1305	373514	4300105
16025	642022	40353	2475	867101	15922573
9572	355010	13003	1329	485581	8964809
5058	252302	24561	908	309085	6600510
1395	34710	2789	238	72435	357254
739	103791	1306	552	128983	1452426
1228	203037	26118	1008	270428	5594564
88299	1298142	43211	5148	1761837	14045959
5393	68434	1618	476	80403	728856
1650	104262	4142	414	136633	1029225
65617	389112	17884	1164	616651	2589915
8668	271873	9258	1244	349329	4187824
26624	1244292	32567	6537	1565944	20130234
1842	152133	2804	988	173515	1919313
2631	308462	1670	1564	374330	5318820
11874	381989	9973	1291	457447	6881365
7742	194021	33025	1203	287881	3563036
3314	186065	6506	1266	254803	2789886
22848	**576043**	**46959**	**2670**	**703851**	**9266358**
15313	98572	2886	154	115999	1669169
1071	150390	2038	688	171052	2563516
1528	139021	4949	756	178987	1969427
321	58871	4869	272	71331	707495
47272	**1374443**	**55366**	**8226**	**1817181**	**13941937**
13096	557509	27678	2982	775892	4864651
8126	253673	14435	993	358739	2019750
2907	135188	3699	933	177490	1198272
20534	527005	18677	3383	656379	6464556
10415	186902	7247	1201	263296	1644474
752	**36848**	**241**	**282**	**63100**	**1073737**

2-1-3 续表 2

行 业	Industry	#出口 Exports
合计	**Total**	**25402975**
医药制造业	**Manufacture of Medicines**	**3170978**
#化学药品制造	Manufacture of Chemical Medicine	1927292
中成药生产	Manufacture of Finished Traditional Chinese Herbal Medicine	29420
生物药品制品制造	Manufacture of Biopharmaceutical Products	651914
电子及通信设备制造业	**Manufacture of Electronic Equipment and Communication Equipment**	**16089094**
电子工业专用设备制造	Manufacture of Special Equipment for Electronic Industry	344926
光纤光缆及锂离子电池制造	Manufacture of Optical Fiber and Cable, and Lithium Ion Battery	438922
#锂离子电池制造	Manufacture of Lithium Ion Batteries	340965
#通信设备、雷达及配套设备制造	Manufacture of Communication Equipment, Radar and Matching Equipment	2674805
#通信系统设备制造	Manufacture of Communication System Equipment	1738286
通信终端设备制造	Manufacture of Communication Terminal Equipment	928172
雷达及配套设备制造	Manufacture of Radar and Related Equipment	8348
广播电视设备制造	Manufacture of Broadcasting and TV Equipment	424951
非专业视听设备制造	Manufacture of Non-professional Audio-visual Equipment	3085077
电子器件制造	Manufacture of Electronic Appliances	3023763
#电子真空器件制造	Manufacture of Electronic Vacuum Appliances	102738
半导体分立器件制造	Manufacture of Semiconductor Discreting Appliances	298133
集成电路制造	Manufacture of Integrate Circuit	503202
光电子器件制造	Manufacture of Optoelectronic Devices	811184
电子元件及电子专用材料制造	Manufacture of Electronic Components and Electronic Specialized Materials	4152085
#电阻电容电感元件制造	Manufacture of Resistance, Capacitance and Inductance Components	354662
电子电路制造	Manufacture of Electronic Circuit	1361146
电子专用材料制造	Manufacture of Electronic Specialized Materials	990210
智能消费设备制造	Manufacturing of Intelligent Consumption Equipment	1191914
其他电子设备制造	Other Electronic Equipment	752651
计算机及办公设备制造业	**Manufacture of Computers and Office Equipments**	**2767794**
#计算机整机制造	Manufacture of Entired Computer	520658
计算机零部件制造	Manufacture of Parts and Fixture for Computer	1172392
计算机外围设备制造	Manufacture of Computer Peripheral Equipment	620933
办公设备制造	Manufacture of Office Equipment	154375
医疗仪器设备及仪器仪表制造业	**Manufacture of Medical Equipments and Meters**	**3072974**
#医疗仪器设备及器械制造	Manufacture of Medical Equipment and Appliances	1764612
#医疗诊断、监护及治疗设备制造	Manufacture of Medical Diagnosis, Monitoring and Treatment Equipment	974008
医疗、外科及兽医用器械制造	Manufacture of Medical, Surgical and Veterinary Instruments	214860
通用仪器仪表制造	Manufacture of General Instruments	854716
专用仪器仪表制造	Manufacture of Special Instruments	242381
信息化学品制造业	**Manufacture of Electronic Chemicals**	**240360**

continued

专利申请数 (件) Patent Applications (unit)	#发明专利 Invention Patents	有效发明专利数 (件) Number of Patents In Force (unit)	引进技术经费支出 (万元) Expenditure for Acquisition of Foreign Technology (10000 yuan)	消化吸收经费支出 (万元) Expenditure for Assimilation of Technology (10000 yuan)	购买境内技术经费支出 (万元) Expenditure for Purchase of Domestic Technology (10000 yuan)
78409	**36177**	**97257**	**113424**	**10425**	**310925**
7750	**4693**	**18778**	**1902**	**165**	**41621**
3025	1903	8104	1444		21601
1349	773	4370		165	1517
2073	1433	4036			13034
46003	**20771**	**51002**	**52624**	**10166**	**53367**
2311	1024	2838	1783	1013	236
4618	1603	3235	19867		1032
4075	1330	2420	19867		1032
5233	2585	8619	108		6354
3210	1635	3978	108		1576
1695	788	4118			4779
328	162	523			
1548	662	3062			1287
1387	313	1052	1400		1761
14672	8846	16060	23855	9131	28924
5144	4199	1651			1396
426	153	690	286		470
2956	2042	6085	16082	9131	4976
2702	1070	3254	1645		3033
10956	4171	11381	5309	22	12035
1410	435	1511			2368
1925	492	2209	866		4433
2452	1269	3327			978
2966	841	2128	2		792
2312	726	2627	301		947
6071	**2620**	**5712**	**2064**		**5485**
618	341	782			18
1747	728	1563			117
1842	542	2127	1051		5286
600	254	528			64
16237	**6743**	**17829**	**54565**	**94**	**14382**
5638	2118	7006	54075		3838
1824	851	1888	54005		2477
1168	352	2092			431
6447	2863	6869	490	88	7147
3247	1418	2495		6	3303
366	**229**	**689**			

2-1-3 续表 3

行　业	Industry	技术改造经费支出(万元) Expenditure for Technical Renovation (10000 yuan)
合计	**Total**	**1276265**
医药制造业	**Manufacture of Medicines**	**338011**
#化学药品制造	Manufacture of Chemical Medicine	217661
中成药生产	Manufacture of Finished Traditional Chinese Herbal Medicine	51370
生物药品制品制造	Manufacture of Biopharmaceutical Products	31073
电子及通信设备制造业	**Manufacture of Electronic Equipment and Communication Equipment**	**775300**
电子工业专用设备制造	Manufacture of Special Equipment for Electronic Industry	14310
光纤光缆及锂离子电池制造	Manufacture of Optical Fiber and Cable, and Lithium Ion Battery	44802
#锂离子电池制造	Manufacture of Lithium Ion Batteries	30521
#通信设备、雷达及配套设备制造	Manufacture of Communication Equipment, Radar and Matching Equipment	53771
#通信系统设备制造	Manufacture of Communication System Equipment	21247
通信终端设备制造	Manufacture of Communication Terminal Equipment	30712
雷达及配套设备制造	Manufacture of Radar and Related Equipment	1813
广播电视设备制造	Manufacture of Broadcasting and TV Equipment	9414
非专业视听设备制造	Manufacture of Non-professional Audio-visual Equipment	37586
电子器件制造	Manufacture of Electronic Appliances	314508
#电子真空器件制造	Manufacture of Electronic Vacuum Appliances	54626
半导体分立器件制造	Manufacture of Semiconductor Discreting Appliances	20349
集成电路制造	Manufacture of Integrate Circuit	94247
光电子器件制造	Manufacture of Optoelectronic Devices	53250
电子元件及电子专用材料制造	Manufacture of Electronic Components and Electronic Specialized Materials	256407
#电阻电容电感元件制造	Manufacture of Resistance, Capacitance and Inductance Components	20234
电子电路制造	Manufacture of Electronic Circuit	85733
电子专用材料制造	Manufacture of Electronic Specialized Materials	63234
智能消费设备制造	Manufacturing of Intelligent Consumption Equipment	23232
其他电子设备制造	Other Electronic Equipment	21270
计算机及办公设备制造业	**Manufacture of Computers and Office Equipments**	**27093**
#计算机整机制造	Manufacture of Entired Computer	1323
计算机零部件制造	Manufacture of Parts and Fixture for Computer	14000
计算机外围设备制造	Manufacture of Computer Peripheral Equipment	6662
办公设备制造	Manufacture of Office Equipment	1136
医疗仪器设备及仪器仪表制造业	**Manufacture of Medical Equipments and Meters**	**110118**
#医疗仪器设备及器械制造	Manufacture of Medical Equipment and Appliances	40161
#医疗诊断、监护及治疗设备制造	Manufacture of Medical Diagnosis, Monitoring and Treatment Equipment	18993
医疗、外科及兽医用器械制造	Manufacture of Medical, Surgical and Veterinary Instruments	4008
通用仪器仪表制造	Manufacture of General Instruments	35538
专用仪器仪表制造	Manufacture of Special Instruments	20115
信息化学品制造业	**Manufacture of Electronic Chemicals**	**5499**

continued

有研发机构的企业数（个）Number of Enterprises with R&D Institutions (unit)	机构数（个）R&D Institutions (unit)	机构人员（人）Personnel in R&D Institutions (person)	机构经费支出（万元）Expenditure in R&D Institutions (10000 yuan)	#仪器设备 Equipment
3452	**4464**	**279287**	**8799301**	**6458320**
718	**1040**	**58279**	**2430749**	**1731125**
312	456	26278	1133681	742246
173	239	11063	332009	275025
100	168	13125	715832	553509
1936	**2354**	**146603**	**4175740**	**3241298**
67	90	7381	226566	98750
145	188	11146	369862	238712
125	148	9652	306420	170026
204	294	21767	681636	347279
100	146	11706	365768	147332
91	130	8087	250370	152170
13	18	1974	65499	47777
52	62	4071	91213	65702
115	130	8289	228217	116233
429	510	32933	1061782	1094672
39	40	2170	48184	72774
38	43	2821	70126	186773
63	73	7570	330815	278509
103	128	7056	208336	155384
726	830	44143	1096265	1016659
99	108	5771	113376	106597
210	229	13081	279255	317244
119	158	8005	316870	358494
90	116	7663	212274	176399
108	134	9210	207925	86893
241	**291**	**20092**	**620054**	**289836**
16	20	2352	108840	79000
96	107	5574	139817	52016
69	88	5809	147756	99258
28	36	2319	55320	14523
479	**677**	**45597**	**1271566**	**838286**
163	219	13741	492509	228077
53	77	5854	232568	105805
48	57	3192	97296	53916
198	285	21019	522329	411385
65	105	6463	167703	116473
24	**32**	**1787**	**53085**	**99907**

2-1-4 按行业分国有及国有控股企业高技术产业研发相关情况(2020年)

行业	Industry	有R&D活动的企业数(个) Number of Enterprises Having R&D Activities (unit)
合计	**Total**	**1393**
医药制造业	**Manufacture of Medicines**	**338**
#化学药品制造	Manufacture of Chemical Medicine	154
中成药生产	Manufacture of Finished Traditional Chinese Herbal Medicine	102
生物药品制品制造	Manufacture of Biopharmaceutical Products	37
电子及通信设备制造业	**Manufacture of Electronic Equipment and Communication Equipment**	**588**
电子工业专用设备制造	Manufacture of Special Equipment for Electronic Industry	32
光纤光缆及锂离子电池制造	Manufacture of Optical Fiber and Cable, and Lithium Ion Battery	48
#锂离子电池制造	Manufacture of Lithium Ion Batteries	31
#通信设备、雷达及配套设备制造	Manufacture of Communication Equipment, Radar and Matching Equipment	116
#通信系统设备制造	Manufacture of Communication System Equipment	60
通信终端设备制造	Manufacture of Communication Terminal Equipment	33
雷达及配套设备制造	Manufacture of Radar and Related Equipment	23
广播电视设备制造	Manufacture of Broadcasting and TV Equipment	12
非专业视听设备制造	Manufacture of Non-professional Audio-visual Equipment	21
电子器件制造	Manufacture of Electronic Appliances	183
#电子真空器件制造	Manufacture of Electronic Vacuum Appliances	14
半导体分立器件制造	Manufacture of Semiconductor Discreting Appliances	16
集成电路制造	Manufacture of Integrate Circuit	55
光电子器件制造	Manufacture of Optoelectronic Devices	27
电子元件及电子专用材料制造	Manufacture of Electronic Components and Electronic Specialized Materials	130
#电阻电容电感元件制造	Manufacture of Resistance, Capacitance and Inductance Components	11
电子电路制造	Manufacture of Electronic Circuit	19
电子专用材料制造	Manufacture of Electronic Specialized Materials	60
智能消费设备制造	Manufacturing of Intelligent Consumption Equipment	15
其他电子设备制造	Other Electronic Equipment	31
计算机及办公设备制造业	**Manufacture of Computers and Office Equipments**	**60**
#计算机整机制造	Manufacture of Entired Computer	13
计算机零部件制造	Manufacture of Parts and Fixture for Computer	6
计算机外围设备制造	Manufacture of Computer Peripheral Equipment	19
办公设备制造	Manufacture of Office Equipment	9
医疗仪器设备及仪器仪表制造业	**Manufacture of Medical Equipments and Meters**	**211**
#医疗仪器设备及器械制造	Manufacture of Medical Equipment and Appliances	27
#医疗诊断、监护及治疗设备制造	Manufacture of Medical Diagnosis, Monitoring and Treatment Equipment	6
医疗、外科及兽医用器械制造	Manufacture of Medical, Surgical and Veterinary Instruments	6
通用仪器仪表制造	Manufacture of General Instruments	104
专用仪器仪表制造	Manufacture of Special Instruments	48
信息化学品制造业	**Manufacture of Electronic Chemicals**	**11**

R&D Statistics on High-tech Industry of State-owned and State-controlled Enterprises by Industrial Sector (2020)

R&D人员 (人) R&D Personnel (person)	#全时人员 Full-time Personnel	#研究人员 Researchers	R&D人员折合全时当量 (人年) Full-time Equivalent (man-year)	R&D经费内部支出 (万元) Intramural Expenditure on R&D (10000 yuan)	#人员劳务费 Labor Cost
192784	**151022**	**92433**	**143690**	**8567861**	**3205587**
20681	**14706**	**9467**	**14686**	**801782**	**261495**
9366	6381	4328	6534	331456	120751
6366	4714	2863	4506	177236	69869
3167	2245	1539	2382	220500	53955
95359	**76680**	**44388**	**71445**	**4939768**	**1940935**
3297	2561	1499	2520	118576	55847
3792	3085	1519	2952	165848	42431
2434	2061	936	1959	104481	29961
29251	23601	15721	22890	1451481	819116
21295	16923	11757	16628	1190370	712460
3668	3168	1723	2761	99034	48921
4288	3510	2241	3500	162077	57735
1262	1012	453	1018	30183	15824
9576	7225	3556	7721	488770	178449
32744	27243	14898	24130	2070632	626862
1937	1600	773	1172	57544	14357
523	317	214	375	22274	5347
7046	6193	3715	4948	945719	211872
1280	1038	640	911	52050	14241
10966	8146	4662	7317	462265	149665
423	366	215	286	10723	4407
2812	1942	955	1852	123935	34453
3465	2454	1377	1983	142779	39909
1543	1353	811	696	37747	14769
2928	2454	1269	2200	114266	37972
12216	**10219**	**6448**	**8045**	**548955**	**274004**
2233	1947	1206	1511	233483	82892
680	600	272	643	19791	6862
3441	2791	1736	2786	64009	43388
945	810	507	711	49681	19955
16686	**13686**	**8424**	**13079**	**508767**	**213667**
1400	1226	653	1021	29193	13406
87	80	46	53	1681	1121
213	192	99	166	6931	2192
8209	6723	4118	6326	264374	144680
2696	2103	1371	2140	120225	27576
694	**477**	**346**	**567**	**17299**	**7338**

2-1-4 续表 1

行业	Industry	#仪器和设备 Equipment
合计	**Total**	**718955**
医药制造业	**Manufacture of Medicines**	**46761**
#化学药品制造	Manufacture of Chemical Medicine	25088
中成药生产	Manufacture of Finished Traditional Chinese Herbal Medicine	8055
生物药品制品制造	Manufacture of Biopharmaceutical Products	10646
电子及通信设备制造业	**Manufacture of Electronic Equipment and Communication Equipment**	**534322**
电子工业专用设备制造	Manufacture of Special Equipment for Electronic Industry	4376
光纤光缆及锂离子电池制造	Manufacture of Optical Fiber and Cable, and Lithium Ion Battery	15578
#锂离子电池制造	Manufacture of Lithium Ion Batteries	2676
#通信设备、雷达及配套设备制造	Manufacture of Communication Equipment, Radar and Matching Equipment	54696
#通信系统设备制造	Manufacture of Communication System Equipment	35924
通信终端设备制造	Manufacture of Communication Terminal Equipment	3864
雷达及配套设备制造	Manufacture of Radar and Related Equipment	14908
广播电视设备制造	Manufacture of Broadcasting and TV Equipment	2081
非专业视听设备制造	Manufacture of Non-professional Audio-visual Equipment	17419
电子器件制造	Manufacture of Electronic Appliances	374829
#电子真空器件制造	Manufacture of Electronic Vacuum Appliances	7524
半导体分立器件制造	Manufacture of Semiconductor Discreting Appliances	2165
集成电路制造	Manufacture of Integrate Circuit	279791
光电子器件制造	Manufacture of Optoelectronic Devices	5996
电子元件及电子专用材料制造	Manufacture of Electronic Components and Electronic Specialized Materials	58924
#电阻电容电感元件制造	Manufacture of Resistance, Capacitance and Inductance Components	126
电子电路制造	Manufacture of Electronic Circuit	25747
电子专用材料制造	Manufacture of Electronic Specialized Materials	16937
智能消费设备制造	Manufacturing of Intelligent Consumption Equipment	1429
其他电子设备制造	Other Electronic Equipment	4992
计算机及办公设备制造业	**Manufacture of Computers and Office Equipments**	**15736**
#计算机整机制造	Manufacture of Entired Computer	11914
计算机零部件制造	Manufacture of Parts and Fixture for Computer	38
计算机外围设备制造	Manufacture of Computer Peripheral Equipment	1567
办公设备制造	Manufacture of Office Equipment	49
医疗仪器设备及仪器仪表制造业	**Manufacture of Medical Equipments and Meters**	**23946**
#医疗仪器设备及器械制造	Manufacture of Medical Equipment and Appliances	2201
#医疗诊断、监护及治疗设备制造	Manufacture of Medical Diagnosis, Monitoring and Treatment Equipment	12
医疗、外科及兽医用器械制造	Manufacture of Medical, Surgical and Veterinary Instruments	1210
通用仪器仪表制造	Manufacture of General Instruments	10594
专用仪器仪表制造	Manufacture of Special Instruments	6158
信息化学品制造业	**Manufacture of Electronic Chemicals**	**1168**

continued

		R&D经费外部支出(万元) External Expenditure on R&D (10000 yuan)	新产品开发项目数(项) New Products (item)	新产品开发经费支出(万元) Expenditure on New Products Development	新产品销售收入(万元) Sales Revenue of New Products (10000 yuan)
#政府资金 Government Funds	#企业资金 Self-raised Funds by Enterprises				
1676113	**6867832**	**1152563**	**19808**	**10905737**	**88739099**
33389	**767651**	**163808**	**4355**	**937212**	**10033042**
8239	322662	91692	2161	416825	4203303
9823	167412	29442	1242	170177	3220448
13708	206604	37008	529	269925	1598669
770458	**4160057**	**210159**	**8453**	**6222466**	**50342274**
48913	69663	3940	295	129712	536712
6258	159590	4675	502	183344	2871442
3329	101153	847	321	120438	2162021
138118	1312966	45377	1885	2136631	15497484
96740	1093629	16182	842	1742706	13346047
2965	95672	17103	688	210012	1359893
38413	123664	12091	355	183914	791544
	30183	125	193	36148	293091
12824	475814	8390	473	577826	7868811
449400	1614826	139255	3165	2258414	16404515
6583	49887	749	477	67830	389558
405	21869	1452	116	32270	151665
376181	567237	88960	798	1029708	2065288
8798	43252	2875	254	77971	527137
64709	397422	3904	1367	597913	5062726
2	10721	739	160	17082	58717
609	123326	54	190	130056	1353983
5079	137567	2796	503	183292	1624352
6533	31214	1378	144	52429	412122
43703	68378	3114	429	250050	1395372
31928	**514334**	**69412**	**1039**	**592138**	**9211396**
21577	209286	49663	306	221862	6618897
176	19616		56	26863	195123
1169	62768	2971	233	69670	252063
1668	48014	2961	109	55450	421226
61429	**444708**	**30920**	**2935**	**572685**	**3652600**
1053	28141	472	264	36333	181024
54	1627	26	51	5776	14941
153	6778	70	59	7791	18719
13404	250951	19544	1624	286309	2397737
23559	96584	5078	574	145747	489113
736	**16564**	**2063**	**85**	**29113**	**302893**

2-1-4 续表 2

行 业	Industry	#出口 Exports
合计	**Total**	**14055601**
医药制造业	**Manufacture of Medicines**	**883345**
#化学药品制造	Manufacture of Chemical Medicine	691257
中成药生产	Manufacture of Finished Traditional Chinese Herbal Medicine	19442
生物药品制品制造	Manufacture of Biopharmaceutical Products	110302
电子及通信设备制造业	**Manufacture of Electronic Equipment and Communication Equipment**	**12281129**
电子工业专用设备制造	Manufacture of Special Equipment for Electronic Industry	74697
光纤光缆及锂离子电池制造	Manufacture of Optical Fiber and Cable, and Lithium Ion Battery	803053
#锂离子电池制造	Manufacture of Lithium Ion Batteries	639732
#通信设备、雷达及配套设备制造	Manufacture of Communication Equipment, Radar and Matching Equipment	3316694
#通信系统设备制造	Manufacture of Communication System Equipment	3208130
通信终端设备制造	Manufacture of Communication Terminal Equipment	108136
雷达及配套设备制造	Manufacture of Radar and Related Equipment	427
广播电视设备制造	Manufacture of Broadcasting and TV Equipment	21889
非专业视听设备制造	Manufacture of Non-professional Audio-visual Equipment	1245756
电子器件制造	Manufacture of Electronic Appliances	5421168
#电子真空器件制造	Manufacture of Electronic Vacuum Appliances	30518
半导体分立器件制造	Manufacture of Semiconductor Discreting Appliances	24999
集成电路制造	Manufacture of Integrate Circuit	897319
光电子器件制造	Manufacture of Optoelectronic Devices	26956
电子元件及电子专用材料制造	Manufacture of Electronic Components and Electronic Specialized Materials	1031568
#电阻电容电感元件制造	Manufacture of Resistance, Capacitance and Inductance Components	5856
电子电路制造	Manufacture of Electronic Circuit	438587
电子专用材料制造	Manufacture of Electronic Specialized Materials	383889
智能消费设备制造	Manufacturing of Intelligent Consumption Equipment	21510
其他电子设备制造	Other Electronic Equipment	344796
计算机及办公设备制造业	**Manufacture of Computers and Office Equipments**	**291496**
#计算机整机制造	Manufacture of Entired Computer	7432
计算机零部件制造	Manufacture of Parts and Fixture for Computer	91358
计算机外围设备制造	Manufacture of Computer Peripheral Equipment	6515
办公设备制造	Manufacture of Office Equipment	125452
医疗仪器设备及仪器仪表制造业	**Manufacture of Medical Equipments and Meters**	**266930**
#医疗仪器设备及器械制造	Manufacture of Medical Equipment and Appliances	11597
#医疗诊断、监护及治疗设备制造	Manufacture of Medical Diagnosis, Monitoring and Treatment Equipment	57
医疗、外科及兽医用器械制造	Manufacture of Medical, Surgical and Veterinary Instruments	1069
通用仪器仪表制造	Manufacture of General Instruments	179253
专用仪器仪表制造	Manufacture of Special Instruments	1344
信息化学品制造业	**Manufacture of Electronic Chemicals**	**61794**

continued

专利申请数 (件) Patent Applications (unit)	#发明专利 Invention Patents	有效发明专利数 (件) Number of Patents In Force (unit)	引进技术经费支出 (万元) Expenditure for Acquisition of Foreign Technology (10000 yuan)	消化吸收经费支出 (万元) Expenditure for Assimilation of Technology (10000 yuan)	购买境内技术经费支出 (万元) Expenditure for Purchase of Domestic Technology (10000 yuan)
51769	**35618**	**118644**	**52318**	**23631**	**288191**
2314	**1162**	**6089**	**3992**	**21291**	**36822**
921	482	2663	1188		21848
777	364	2107	51		5446
379	231	881	2753	21291	7001
34281	**25560**	**86536**	**13660**	**2252**	**25325**
768	454	2724			
1074	416	1321	1831		
728	229	697			
9316	7823	42512			4438
7999	7208	40039			78
837	349	1382			12
480	266	1091			4348
150	78	262			
3249	2144	4273	3244	1252	3371
14971	11969	27053	8284	1000	14842
4823	4172	1383	669		1446
79	54	204			258
4188	3440	7307	2775	1000	11179
642	362	829			
3184	1718	4960			1740
190	114	197			
320	196	808			
940	536	1571			124
365	172	837			867
1204	786	2594	301		68
2350	**1393**	**5900**	**60**		**11438**
581	473	1047	60		11321
94	18	76			117
571	217	764			
452	190	2466			
4254	**1947**	**6309**	**1183**	**88**	**1003**
670	119	413			42
35	8	97			
38	9	42			42
2040	1059	3511	1183	88	52
1050	519	1293			908
99	**78**	**263**	**324**		**963**

2-1-4 续表 3

行　业	Industry	技术改造经费支出(万元) Expenditure for Technical Renovation (10000 yuan)
合计	**Total**	**1284104**
医药制造业	**Manufacture of Medicines**	**90205**
#化学药品制造	Manufacture of Chemical Medicine	53690
中成药生产	Manufacture of Finished Traditional Chinese Herbal Medicine	23486
生物药品制品制造	Manufacture of Biopharmaceutical Products	9354
电子及通信设备制造业	**Manufacture of Electronic Equipment and Communication Equipment**	**568579**
电子工业专用设备制造	Manufacture of Special Equipment for Electronic Industry	7376
光纤光缆及锂离子电池制造	Manufacture of Optical Fiber and Cable, and Lithium Ion Battery	10088
#锂离子电池制造	Manufacture of Lithium Ion Batteries	5552
#通信设备、雷达及配套设备制造	Manufacture of Communication Equipment, Radar and Matching Equipment	36293
#通信系统设备制造	Manufacture of Communication System Equipment	3950
通信终端设备制造	Manufacture of Communication Terminal Equipment	19139
雷达及配套设备制造	Manufacture of Radar and Related Equipment	13205
广播电视设备制造	Manufacture of Broadcasting and TV Equipment	9400
非专业视听设备制造	Manufacture of Non-professional Audio-visual Equipment	139549
电子器件制造	Manufacture of Electronic Appliances	210099
#电子真空器件制造	Manufacture of Electronic Vacuum Appliances	46116
半导体分立器件制造	Manufacture of Semiconductor Discreting Appliances	1663
集成电路制造	Manufacture of Integrate Circuit	47295
光电子器件制造	Manufacture of Optoelectronic Devices	3450
电子元件及电子专用材料制造	Manufacture of Electronic Components and Electronic Specialized Materials	131420
#电阻电容电感元件制造	Manufacture of Resistance, Capacitance and Inductance Components	1386
电子电路制造	Manufacture of Electronic Circuit	87501
电子专用材料制造	Manufacture of Electronic Specialized Materials	32903
智能消费设备制造	Manufacturing of Intelligent Consumption Equipment	9751
其他电子设备制造	Other Electronic Equipment	14604
计算机及办公设备制造业	**Manufacture of Computers and Office Equipments**	**8144**
#计算机整机制造	Manufacture of Entired Computer	110
计算机零部件制造	Manufacture of Parts and Fixture for Computer	
计算机外围设备制造	Manufacture of Computer Peripheral Equipment	
办公设备制造	Manufacture of Office Equipment	166
医疗仪器设备及仪器仪表制造业	**Manufacture of Medical Equipments and Meters**	**23564**
#医疗仪器设备及器械制造	Manufacture of Medical Equipment and Appliances	2413
#医疗诊断、监护及治疗设备制造	Manufacture of Medical Diagnosis, Monitoring and Treatment Equipment	
医疗、外科及兽医用器械制造	Manufacture of Medical, Surgical and Veterinary Instruments	165
通用仪器仪表制造	Manufacture of General Instruments	7184
专用仪器仪表制造	Manufacture of Special Instruments	8352
信息化学品制造业	**Manufacture of Electronic Chemicals**	**6020**

continued

有研发机构的企业数 (个) Number of Enterprises with R&D Institutions (unit)	机构数 (个) R&D Institutions (unit)	机构人员 (人) Personnel in R&D Institutions (person)	机构经费支出 (万元) Expenditure in R&D Institutions (10000 yuan)	#仪器设备 Equipment
874	**1338**	**184409**	**7688507**	**4916977**
234	**344**	**19344**	**879984**	**638430**
107	153	9383	422231	320258
74	117	5921	212771	111854
22	39	2261	188549	156048
367	**577**	**104879**	**4744884**	**1821878**
15	23	2163	98487	23634
30	46	3640	155661	105601
16	18	2096	105068	50532
75	157	51139	2529773	296294
41	96	42767	2238019	147876
20	35	4453	158527	56556
14	26	3919	133227	91862
6	7	688	18305	7204
11	17	2304	126312	26427
117	191	29541	1337991	889345
10	13	1603	38520	51059
12	13	645	24587	22423
26	42	2819	246106	116025
17	31	1217	44789	25776
86	104	11620	280043	328705
10	12	285	6573	6688
13	17	3255	95384	136999
41	48	2287	123662	115927
9	9	998	14209	114595
18	23	2786	184103	30074
47	**73**	**13219**	**583577**	**172676**
9	11	2490	274747	109983
5	10	655	12014	3288
14	15	3584	65959	20512
10	20	1618	59649	3314
111	**173**	**12193**	**371793**	**486390**
14	18	1188	19057	36594
5	7	105	2516	941
5	5	248	4383	3866
56	95	6738	218789	99298
24	34	2430	84101	124145
7	**7**	**289**	**8206**	**18138**

2-1-5 按行业分内资企业高技术产业研发相关情况(2020年)

行业	Industry	有R&D活动的企业数(个) Number of Enterprises Having R&D Activities (unit)
合计	**Total**	**20194**
医药制造业	**Manufacture of Medicines**	**4320**
#化学药品制造	Manufacture of Chemical Medicine	1477
中成药生产	Manufacture of Finished Traditional Chinese Herbal Medicine	862
生物药品制品制造	Manufacture of Biopharmaceutical Products	566
电子及通信设备制造业	**Manufacture of Electronic Equipment and Communication Equipment**	**10140**
电子工业专用设备制造	Manufacture of Special Equipment for Electronic Industry	688
光纤光缆及锂离子电池制造	Manufacture of Optical Fiber and Cable, and Lithium Ion Battery	843
#锂离子电池制造	Manufacture of Lithium Ion Batteries	663
#通信设备、雷达及配套设备制造	Manufacture of Communication Equipment, Radar and Matching Equipment	1144
#通信系统设备制造	Manufacture of Communication System Equipment	576
通信终端设备制造	Manufacture of Communication Terminal Equipment	502
雷达及配套设备制造	Manufacture of Radar and Related Equipment	66
广播电视设备制造	Manufacture of Broadcasting and TV Equipment	284
非专业视听设备制造	Manufacture of Non-professional Audio-visual Equipment	469
电子器件制造	Manufacture of Electronic Appliances	2326
#电子真空器件制造	Manufacture of Electronic Vacuum Appliances	218
半导体分立器件制造	Manufacture of Semiconductor Discreting Appliances	211
集成电路制造	Manufacture of Integrate Circuit	423
光电子器件制造	Manufacture of Optoelectronic Devices	440
电子元件及电子专用材料制造	Manufacture of Electronic Components and Electronic Specialized Materials	3117
#电阻电容电感元件制造	Manufacture of Resistance, Capacitance and Inductance Components	490
电子电路制造	Manufacture of Electronic Circuit	635
电子专用材料制造	Manufacture of Electronic Specialized Materials	709
智能消费设备制造	Manufacturing of Intelligent Consumption Equipment	581
其他电子设备制造	Other Electronic Equipment	688
计算机及办公设备制造业	**Manufacture of Computers and Office Equipments**	**1090**
#计算机整机制造	Manufacture of Entired Computer	129
计算机零部件制造	Manufacture of Parts and Fixture for Computer	318
计算机外围设备制造	Manufacture of Computer Peripheral Equipment	317
办公设备制造	Manufacture of Office Equipment	122
医疗仪器设备及仪器仪表制造业	**Manufacture of Medical Equipments and Meters**	**4153**
#医疗仪器设备及器械制造	Manufacture of Medical Equipment and Appliances	1298
#医疗诊断、监护及治疗设备制造	Manufacture of Medical Diagnosis, Monitoring and Treatment Equipment	419
医疗、外科及兽医用器械制造	Manufacture of Medical, Surgical and Veterinary Instruments	354
通用仪器仪表制造	Manufacture of General Instruments	1898
专用仪器仪表制造	Manufacture of Special Instruments	603
信息化学品制造业	**Manufacture of Electronic Chemicals**	**96**

R&D Statistics on High-tech Industry of Domestic Funded Enterprises by Industrial Sector(2020)

R&D人员 (人) R&D Personnel (person)	#全时人员 Full-time Personnel	#研究人员 Researchers	R&D人员折合全时当量 (人年) Full-time Equivalent (man-year)	R&D经费内部支出 (万元) Intramural Expenditure on R&D (10000 yuan)	#人员劳务费 Labor Cost
993821	**797138**	**368552**	**761368**	**35660805**	**14199023**
155802	**118077**	**63328**	**112098**	**6122078**	**1584540**
70132	53565	30581	51077	3089373	768329
31550	22549	11922	22296	851735	264296
22346	17797	10540	16295	1219209	300471
593204	**484416**	**204893**	**466487**	**22336183**	**9651455**
21733	17740	7667	15576	642275	298600
40919	33228	13697	28659	1586442	471285
34322	28362	11472	23774	1297563	423610
188403	161365	74398	165267	8646644	4849814
51855	42075	24637	42114	1967071	1097221
130787	114582	46840	118482	6470497	3672990
5761	4708	2921	4671	209076	79604
12945	10110	4396	10102	365669	169555
25089	19312	7997	19069	884011	314905
122631	98300	43057	93058	5383330	1749273
9210	7768	2237	7142	228938	81842
6874	5152	2487	5001	217064	70852
30245	24830	13235	23132	2019350	686916
20051	15315	6476	14511	752107	215603
119859	94201	32742	89338	3317909	1152823
14333	11215	4375	10658	362539	141730
25934	19924	5509	19906	622975	213617
22963	16655	7317	16292	832348	193843
29558	23566	8699	21606	707753	303792
32067	26594	12240	23812	802151	341408
54773	**44718**	**20539**	**39133**	**1599811**	**776447**
5782	4884	2472	4207	343057	122003
10687	8345	2394	7839	234827	91991
16114	13021	5619	11735	367363	177411
6823	5662	2562	5439	160270	82956
134610	**108018**	**53157**	**101747**	**3583007**	**1597057**
40160	31918	14994	29539	1245081	507643
16985	14085	7825	12703	620411	281040
10599	8384	3235	7847	303493	110913
61469	49470	24565	46605	1517013	751807
18694	15404	7849	14457	495026	212785
2766	**2085**	**1122**	**2045**	**78648**	**25245**

2-1-5 续表 1

行 业	Industry	#仪器和设备 Equipment
合计	**Total**	**3006252**
医药制造业	**Manufacture of Medicines**	**503100**
#化学药品制造	Manufacture of Chemical Medicine	260410
中成药生产	Manufacture of Finished Traditional Chinese Herbal Medicine	50557
生物药品制品制造	Manufacture of Biopharmaceutical Products	96899
电子及通信设备制造业	**Manufacture of Electronic Equipment and Communication Equipment**	**2090407**
电子工业专用设备制造	Manufacture of Special Equipment for Electronic Industry	38066
光纤光缆及锂离子电池制造	Manufacture of Optical Fiber and Cable, and Lithium Ion Battery	148292
#锂离子电池制造	Manufacture of Lithium Ion Batteries	127023
#通信设备、雷达及配套设备制造	Manufacture of Communication Equipment, Radar and Matching Equipment	632671
#通信系统设备制造	Manufacture of Communication System Equipment	82050
通信终端设备制造	Manufacture of Communication Terminal Equipment	533296
雷达及配套设备制造	Manufacture of Radar and Related Equipment	17326
广播电视设备制造	Manufacture of Broadcasting and TV Equipment	37624
非专业视听设备制造	Manufacture of Non-professional Audio-visual Equipment	34184
电子器件制造	Manufacture of Electronic Appliances	859028
#电子真空器件制造	Manufacture of Electronic Vacuum Appliances	19704
半导体分立器件制造	Manufacture of Semiconductor Discreting Appliances	39263
集成电路制造	Manufacture of Integrate Circuit	374835
光电子器件制造	Manufacture of Optoelectronic Devices	74009
电子元件及电子专用材料制造	Manufacture of Electronic Components and Electronic Specialized Materials	281878
#电阻电容电感元件制造	Manufacture of Resistance, Capacitance and Inductance Components	24269
电子电路制造	Manufacture of Electronic Circuit	89234
电子专用材料制造	Manufacture of Electronic Specialized Materials	61188
智能消费设备制造	Manufacturing of Intelligent Consumption Equipment	27222
其他电子设备制造	Other Electronic Equipment	31443
计算机及办公设备制造业	**Manufacture of Computers and Office Equipments**	**54816**
#计算机整机制造	Manufacture of Entired Computer	14376
计算机零部件制造	Manufacture of Parts and Fixture for Computer	14662
计算机外围设备制造	Manufacture of Computer Peripheral Equipment	12391
办公设备制造	Manufacture of Office Equipment	2801
医疗仪器设备及仪器仪表制造业	**Manufacture of Medical Equipments and Meters**	**218352**
#医疗仪器设备及器械制造	Manufacture of Medical Equipment and Appliances	92997
#医疗诊断、监护及治疗设备制造	Manufacture of Medical Diagnosis, Monitoring and Treatment Equipment	32458
医疗、外科及兽医用器械制造	Manufacture of Medical, Surgical and Veterinary Instruments	31911
通用仪器仪表制造	Manufacture of General Instruments	64048
专用仪器仪表制造	Manufacture of Special Instruments	23950
信息化学品制造业	**Manufacture of Electronic Chemicals**	**9582**

continued

#政府资金 Government Funds	#企业资金 Self-raised Funds by Enterprises	R&D经费外部支出(万元) External Expenditure on R&D (10000 yuan)	新产品开发项目数(项) New Products (item)	新产品开发经费支出(万元) Expenditure on New Products Development	新产品销售收入(万元) Sales Revenue of New Products (10000 yuan)
2372199	**33192467**	**4810048**	**155417**	**48274336**	**443814136**
157968	**5953255**	**951922**	**36126**	**6867856**	**63183377**
57326	3024257	556395	15883	3371216	32229121
34700	816311	167550	6908	960545	11833643
40306	1177755	166329	5446	1450991	7849458
1200923	**21071221**	**2886724**	**73459**	**32046801**	**308879822**
60755	579960	21431	4649	803750	5590890
36318	1525322	35992	5663	1807961	24606730
29070	1243692	29693	4493	1494253	21049927
299046	8345893	2215385	10258	15450530	132352780
108531	1858445	96993	4802	3042499	24165985
150224	6318663	2103834	4730	12147909	107092464
40291	168785	14558	726	260122	1094331
2667	361369	4475	2111	434818	5831714
16306	865791	17311	3476	1124574	15043426
611692	4747542	278132	18439	6433647	56260925
7980	219768	2309	1661	258800	2891139
5032	211959	6248	1491	271488	2047532
430089	1573926	183897	3944	2374204	9244572
69933	681073	16846	3225	952676	10737132
101114	3214020	113066	18956	3841292	46695289
4036	358031	8661	2676	409171	3628069
3819	618824	3401	3864	756408	9790784
20597	810877	14826	4159	870952	12979444
15463	687513	145238	4585	1015596	15099047
57561	743811	55695	5322	1134633	7399022
46185	**1550469**	**115597**	**9491**	**1958914**	**21507692**
22842	317448	57572	1282	384764	8671563
1724	233088	6027	1989	299950	3200509
5999	361173	10148	2564	459072	3810601
3301	156787	6183	987	193079	1224570
178592	**3397514**	**171828**	**31608**	**4550860**	**32358927**
65117	1179221	74671	10316	1628468	10658130
57629	562737	46902	4033	819045	5131714
2987	300128	13474	2628	365186	2806096
46604	1467127	63425	14124	1851616	15773893
38567	456229	22474	4733	684790	3635671
1848	**74262**	**2585**	**505**	**108126**	**1822667**

2-1-5 续表 2

行 业	Industry	#出口 Exports
合计	**Total**	**102835209**
医药制造业	**Manufacture of Medicines**	**6958831**
#化学药品制造	Manufacture of Chemical Medicine	4196220
中成药生产	Manufacture of Finished Traditional Chinese Herbal Medicine	59305
生物药品制品制造	Manufacture of Biopharmaceutical Products	1333875
电子及通信设备制造业	**Manufacture of Electronic Equipment and Communication Equipment**	**86076719**
电子工业专用设备制造	Manufacture of Special Equipment for Electronic Industry	765281
光纤光缆及锂离子电池制造	Manufacture of Optical Fiber and Cable, and Lithium Ion Battery	3499757
#锂离子电池制造	Manufacture of Lithium Ion Batteries	3220666
#通信设备、雷达及配套设备制造	Manufacture of Communication Equipment, Radar and Matching Equipment	38155840
#通信系统设备制造	Manufacture of Communication System Equipment	6175628
通信终端设备制造	Manufacture of Communication Terminal Equipment	31966868
雷达及配套设备制造	Manufacture of Radar and Related Equipment	13344
广播电视设备制造	Manufacture of Broadcasting and TV Equipment	2148127
非专业视听设备制造	Manufacture of Non-professional Audio-visual Equipment	4857589
电子器件制造	Manufacture of Electronic Appliances	15259534
#电子真空器件制造	Manufacture of Electronic Vacuum Appliances	1149264
半导体分立器件制造	Manufacture of Semiconductor Discreting Appliances	252229
集成电路制造	Manufacture of Integrate Circuit	2828826
光电子器件制造	Manufacture of Optoelectronic Devices	1961357
电子元件及电子专用材料制造	Manufacture of Electronic Components and Electronic Specialized Materials	11449505
#电阻电容电感元件制造	Manufacture of Resistance, Capacitance and Inductance Components	356159
电子电路制造	Manufacture of Electronic Circuit	2845371
电子专用材料制造	Manufacture of Electronic Specialized Materials	1438661
智能消费设备制造	Manufacturing of Intelligent Consumption Equipment	8536398
其他电子设备制造	Other Electronic Equipment	1404688
计算机及办公设备制造业	**Manufacture of Computers and Office Equipments**	**3731149**
#计算机整机制造	Manufacture of Entired Computer	659261
计算机零部件制造	Manufacture of Parts and Fixture for Computer	1043468
计算机外围设备制造	Manufacture of Computer Peripheral Equipment	1207022
办公设备制造	Manufacture of Office Equipment	155885
医疗仪器设备及仪器仪表制造业	**Manufacture of Medical Equipments and Meters**	**5483250**
#医疗仪器设备及器械制造	Manufacture of Medical Equipment and Appliances	2998937
#医疗诊断、监护及治疗设备制造	Manufacture of Medical Diagnosis, Monitoring and Treatment Equipment	1757320
医疗、外科及兽医用器械制造	Manufacture of Medical, Surgical and Veterinary Instruments	628723
通用仪器仪表制造	Manufacture of General Instruments	1493530
专用仪器仪表制造	Manufacture of Special Instruments	489692
信息化学品制造业	**Manufacture of Electronic Chemicals**	**289308**

continued

专利申请数 (件) Patent Applications (unit)	#发明专利 Invention Patents	有效发明专利数 (件) Number of Patents In Force (unit)	引进技术经费支出 (万元) Expenditure for Acquisition of Foreign Technology (10000 yuan)	消化吸收经费支出 (万元) Expenditure for Assimilation of Technology (10000 yuan)	购买境内技术经费支出 (万元) Expenditure for Purchase of Domestic Technology (10000 yuan)
299350	**149248**	**479489**	**1643061**	**119308**	**2340703**
24231	**11522**	**47984**	**51495**	**26209**	**171094**
8939	5025	20165	39369	4741	105854
4325	1796	11819	89	165	16324
4057	2301	7598	2941	21291	23202
199378	**107973**	**340293**	**1545535**	**91226**	**1902306**
8768	3184	9141	1783	1013	447
13672	5560	10735	21718	5627	12813
11759	4685	8193	19887	5627	12803
65452	49267	185560	1364075		1785508
16834	11422	49411			4023
47545	37295	134337	1364075		1776330
1073	550	1812			5155
3830	1055	4139			1780
7422	3146	6813	4726	1252	5573
51217	29066	73620	147498	8904	61887
6303	4492	2759	669		2164
1736	528	2097	665		3032
12070	8329	19702	133317	8895	32513
9939	4335	10250	3754		3006
29376	10235	31058	2334	78	29454
3355	1038	3409			3186
5047	1562	4692	784		8628
6644	3067	7476	115		1601
9963	2886	6049	3392		2643
9678	3574	13178	8	74352	2202
14613	**4969**	**19626**	**7202**	**1747**	**24395**
1752	772	1932	60		11373
2763	562	1698	222		1330
4602	1342	4707	458	1747	6331
1727	459	6818			154
50143	**18228**	**55068**	**2988**	**125**	**28591**
17130	6182	19626	1315	31	8958
7476	3502	9896	641		7431
3517	1048	3430			769
21610	7647	23332	1627	88	14619
7960	2965	7243	46	6	4866
754	**387**	**1173**	**324**		**1123**

2-1-5 续表 3

行业	Industry	技术改造经费支出（万元）Expenditure for Technical Renovation (10000 yuan)
合计	**Total**	**4392494**
医药制造业	**Manufacture of Medicines**	**865544**
#化学药品制造	Manufacture of Chemical Medicine	509388
中成药生产	Manufacture of Finished Traditional Chinese Herbal Medicine	98094
生物药品制品制造	Manufacture of Biopharmaceutical Products	50515
电子及通信设备制造业	**Manufacture of Electronic Equipment and Communication Equipment**	**2617470**
电子工业专用设备制造	Manufacture of Special Equipment for Electronic Industry	53909
光纤光缆及锂离子电池制造	Manufacture of Optical Fiber and Cable, and Lithium Ion Battery	225493
#锂离子电池制造	Manufacture of Lithium Ion Batteries	201573
#通信设备、雷达及配套设备制造	Manufacture of Communication Equipment, Radar and Matching Equipment	624603
#通信系统设备制造	Manufacture of Communication System Equipment	54652
通信终端设备制造	Manufacture of Communication Terminal Equipment	555266
雷达及配套设备制造	Manufacture of Radar and Related Equipment	14685
广播电视设备制造	Manufacture of Broadcasting and TV Equipment	48268
非专业视听设备制造	Manufacture of Non-professional Audio-visual Equipment	153314
电子器件制造	Manufacture of Electronic Appliances	637767
#电子真空器件制造	Manufacture of Electronic Vacuum Appliances	76551
半导体分立器件制造	Manufacture of Semiconductor Discreting Appliances	45558
集成电路制造	Manufacture of Integrate Circuit	194271
光电子器件制造	Manufacture of Optoelectronic Devices	55846
电子元件及电子专用材料制造	Manufacture of Electronic Components and Electronic Specialized Materials	688928
#电阻电容电感元件制造	Manufacture of Resistance, Capacitance and Inductance Components	109969
电子电路制造	Manufacture of Electronic Circuit	267579
电子专用材料制造	Manufacture of Electronic Specialized Materials	78968
智能消费设备制造	Manufacturing of Intelligent Consumption Equipment	124717
其他电子设备制造	Other Electronic Equipment	60472
计算机及办公设备制造业	**Manufacture of Computers and Office Equipments**	**103087**
#计算机整机制造	Manufacture of Entired Computer	8032
计算机零部件制造	Manufacture of Parts and Fixture for Computer	33317
计算机外围设备制造	Manufacture of Computer Peripheral Equipment	15057
办公设备制造	Manufacture of Office Equipment	5150
医疗仪器设备及仪器仪表制造业	**Manufacture of Medical Equipments and Meters**	**197393**
#医疗仪器设备及器械制造	Manufacture of Medical Equipment and Appliances	56360
#医疗诊断、监护及治疗设备制造	Manufacture of Medical Diagnosis, Monitoring and Treatment Equipment	17213
医疗、外科及兽医用器械制造	Manufacture of Medical, Surgical and Veterinary Instruments	16448
通用仪器仪表制造	Manufacture of General Instruments	80880
专用仪器仪表制造	Manufacture of Special Instruments	34325
信息化学品制造业	**Manufacture of Electronic Chemicals**	**11356**

continued

有研发机构的企业数(个) Number of Enterprises with R&D Institutions (unit)	机构数(个) R&D Institutions (unit)	机构人员(人) Personnel in R&D Institutions (person)	机构经费支出(万元) Expenditure in R&D Institutions (10000 yuan)	#仪器设备 Equipment
14403	**17076**	**914657**	**40747840**	**18160816**
2628	**3314**	**132410**	**5663853**	**3845202**
976	1297	65055	3184138	2131910
491	610	25486	832940	541084
320	414	19687	1002992	721562
7871	**9138**	**578706**	**29185393**	**9852022**
488	559	21473	583717	182360
649	786	40741	1458517	933023
519	621	36129	1273214	751356
865	1167	223991	18321666	2475246
415	550	68737	3062889	440227
402	551	149362	15045438	1903604
48	66	5892	213340	131415
226	249	12416	331998	192470
424	474	18044	525917	184329
1851	2098	105945	4033260	3079205
166	172	5027	111119	146552
151	178	6385	159931	250043
294	345	20687	1046493	583319
338	376	18714	686734	350200
2357	2633	102236	2353729	2158989
332	360	11746	242881	193893
556	606	24976	543630	642132
470	557	15743	559984	666552
464	557	27704	836595	405110
547	615	26156	739993	241291
963	**1106**	**50680**	**1581764**	**561734**
128	137	6506	408913	159003
271	303	9737	228649	82444
269	299	15000	378079	139622
104	125	5389	148534	41736
2677	**3174**	**111893**	**3052783**	**1887067**
803	933	32299	1093198	464373
275	327	15761	656121	216597
200	232	7168	175014	89758
1243	1491	52285	1303884	781864
411	501	17772	443090	303274
62	**76**	**2520**	**77265**	**98009**

2-1-6 按行业分国有企业高技术产业研发相关情况(2020年)

行 业	Industry	有R&D活动的企业数(个) Number of Enterprises Having R&D Activities (unit)
合计	**Total**	**110**
医药制造业	**Manufacture of Medicines**	**19**
#化学药品制造	Manufacture of Chemical Medicine	7
中成药生产	Manufacture of Finished Traditional Chinese Herbal Medicine	5
生物药品制品制造	Manufacture of Biopharmaceutical Products	3
电子及通信设备制造业	**Manufacture of Electronic Equipment and Communication Equipment**	**40**
电子工业专用设备制造	Manufacture of Special Equipment for Electronic Industry	2
光纤光缆及锂离子电池制造	Manufacture of Optical Fiber and Cable, and Lithium Ion Battery	3
#锂离子电池制造	Manufacture of Lithium Ion Batteries	3
#通信设备、雷达及配套设备制造	Manufacture of Communication Equipment, Radar and Matching Equipment	9
#通信系统设备制造	Manufacture of Communication System Equipment	5
通信终端设备制造	Manufacture of Communication Terminal Equipment	3
雷达及配套设备制造	Manufacture of Radar and Related Equipment	1
广播电视设备制造	Manufacture of Broadcasting and TV Equipment	
非专业视听设备制造	Manufacture of Non-professional Audio-visual Equipment	1
电子器件制造	Manufacture of Electronic Appliances	12
#电子真空器件制造	Manufacture of Electronic Vacuum Appliances	3
半导体分立器件制造	Manufacture of Semiconductor Discreting Appliances	1
集成电路制造	Manufacture of Integrate Circuit	1
光电子器件制造	Manufacture of Optoelectronic Devices	4
电子元件及电子专用材料制造	Manufacture of Electronic Components and Electronic Specialized Materials	11
#电阻电容电感元件制造	Manufacture of Resistance, Capacitance and Inductance Components	1
电子电路制造	Manufacture of Electronic Circuit	2
电子专用材料制造	Manufacture of Electronic Specialized Materials	5
智能消费设备制造	Manufacturing of Intelligent Consumption Equipment	
其他电子设备制造	Other Electronic Equipment	2
计算机及办公设备制造业	**Manufacture of Computers and Office Equipments**	**3**
#计算机整机制造	Manufacture of Entired Computer	1
计算机零部件制造	Manufacture of Parts and Fixture for Computer	1
计算机外围设备制造	Manufacture of Computer Peripheral Equipment	1
办公设备制造	Manufacture of Office Equipment	
医疗仪器设备及仪器仪表制造业	**Manufacture of Medical Equipments and Meters**	**15**
#医疗仪器设备及器械制造	Manufacture of Medical Equipment and Appliances	2
#医疗诊断、监护及治疗设备制造	Manufacture of Medical Diagnosis, Monitoring and Treatment Equipment	1
医疗、外科及兽医用器械制造	Manufacture of Medical, Surgical and Veterinary Instruments	
通用仪器仪表制造	Manufacture of General Instruments	5
专用仪器仪表制造	Manufacture of Special Instruments	4
信息化学品制造业	**Manufacture of Electronic Chemicals**	

R&D Statistics on High-tech Industry of State-owned Enterprises by Industrial Sector (2020)

R&D人员 (人) R&D Personnel (person)	#全时人员 Full-time Personnel	#研究人员 Researchers	R&D人员折合全时当量 (人年) Full-time Equivalent (man-year)	R&D经费内部支出 (万元) Intramural Expenditure on R&D (10000 yuan)	#人员劳务费 Labor Cost
13758	**10745**	**6902**	**10245**	**359653**	**121946**
632	**497**	**229**	**515**	**16437**	**6191**
230	181	99	176	6040	2880
141	100	50	119	3421	744
152	118	57	128	4015	1157
3142	**2323**	**1335**	**1943**	**104063**	**34247**
123	81	53	71	1366	970
226	183	54	201	3344	1112
226	183	54	201	3344	1112
502	453	271	436	34537	11515
211	191	108	168	10666	3288
160	144	88	148	5828	3476
131	118	75	120	18043	4750
30	27	17	26	737	449
1073	573	331	465	32729	9343
423	315	147	125	14157	3750
6	5	1	1	64	18
50	45	29	49	2237	1535
79	71	35	68	4503	752
779	638	375	429	23501	5430
5	5	3	5	198	31
62	36	10	59	2399	426
388	335	189	119	14433	2642
409	368	234	316	7849	5429
295	**210**	**149**	**231**	**4956**	**1910**
180	109	98	141	2421	806
80	72	39	67	1810	556
35	29	12	23	725	548
2853	**2496**	**1588**	**2349**	**56234**	**18843**
40	36	17	25	794	507
22	20	13	13	726	498
170	110	89	119	5156	2713
153	137	80	132	3937	1066

2-1-6 续表 1

行 业	Industry	#仪器和设备 Equipment
合计	**Total**	**24744**
医药制造业	**Manufacture of Medicines**	**1453**
#化学药品制造	Manufacture of Chemical Medicine	586
中成药生产	Manufacture of Finished Traditional Chinese Herbal Medicine	308
生物药品制品制造	Manufacture of Biopharmaceutical Products	560
电子及通信设备制造业	**Manufacture of Electronic Equipment and Communication Equipment**	**6522**
电子工业专用设备制造	Manufacture of Special Equipment for Electronic Industry	66
光纤光缆及锂离子电池制造	Manufacture of Optical Fiber and Cable, and Lithium Ion Battery	59
#锂离子电池制造	Manufacture of Lithium Ion Batteries	59
#通信设备、雷达及配套设备制造	Manufacture of Communication Equipment, Radar and Matching Equipment	1907
#通信系统设备制造	Manufacture of Communication System Equipment	363
通信终端设备制造	Manufacture of Communication Terminal Equipment	58
雷达及配套设备制造	Manufacture of Radar and Related Equipment	1486
广播电视设备制造	Manufacture of Broadcasting and TV Equipment	
非专业视听设备制造	Manufacture of Non-professional Audio-visual Equipment	
电子器件制造	Manufacture of Electronic Appliances	2651
#电子真空器件制造	Manufacture of Electronic Vacuum Appliances	607
半导体分立器件制造	Manufacture of Semiconductor Discreting Appliances	
集成电路制造	Manufacture of Integrate Circuit	62
光电子器件制造	Manufacture of Optoelectronic Devices	1561
电子元件及电子专用材料制造	Manufacture of Electronic Components and Electronic Specialized Materials	1839
#电阻电容电感元件制造	Manufacture of Resistance, Capacitance and Inductance Components	3
电子电路制造	Manufacture of Electronic Circuit	145
电子专用材料制造	Manufacture of Electronic Specialized Materials	83
智能消费设备制造	Manufacturing of Intelligent Consumption Equipment	
其他电子设备制造	Other Electronic Equipment	
计算机及办公设备制造业	**Manufacture of Computers and Office Equipments**	**29**
#计算机整机制造	Manufacture of Entired Computer	
计算机零部件制造	Manufacture of Parts and Fixture for Computer	29
计算机外围设备制造	Manufacture of Computer Peripheral Equipment	
办公设备制造	Manufacture of Office Equipment	
医疗仪器设备及仪器仪表制造业	**Manufacture of Medical Equipments and Meters**	**1527**
#医疗仪器设备及器械制造	Manufacture of Medical Equipment and Appliances	10
#医疗诊断、监护及治疗设备制造	Manufacture of Medical Diagnosis, Monitoring and Treatment Equipment	10
医疗、外科及兽医用器械制造	Manufacture of Medical, Surgical and Veterinary Instruments	
通用仪器仪表制造	Manufacture of General Instruments	215
专用仪器仪表制造	Manufacture of Special Instruments	272
信息化学品制造业	**Manufacture of Electronic Chemicals**	

continued

#政府资金 Government Funds	#企业资金 Self-raised Funds by Enterprises	R&D经费外部支出（万元） External Expenditure on R&D (10000 yuan)	新产品开发项目数（项） New Products (item)	新产品开发经费支出（万元） Expenditure on New Products Development	新产品销售收入（万元） Sales Revenue of New Products (10000 yuan)
46457	**309580**	**95341**	**1318**	**403484**	**5132548**
303	**16107**	**797**	**151**	**18319**	**112716**
197	5843	258	73	7321	27614
38	3383	68	20	3226	55234
54	3934	471	21	4079	2602
6962	**96705**	**358**	**431**	**127357**	**1961816**
20	1346	3	18	1793	9991
8	3337	108	20	6577	40036
8	3337	108	18	5552	40036
906	33235	57	112	50308	206180
123	10543	49	73	12192	74950
	5432	8	32	7346	8
783	17260		7	30770	131223
	737		3	755	106225
3434	29295		125	33199	827343
3376	10781		64	13981	168304
12	51		2	124	
	2237		22	4505	5038
41	4462		8	5785	133809
2594	20907	122	137	26320	325039
	198		1	198	
	2399	54	24	2690	51579
1638	12795	68	31	13229	239059
	7849	68	16	8405	447001
	4956		**33**	**6003**	**33331**
	2421		3	2421	1868
	1810		17	1916	25678
	725		11	1082	4949
			2	584	836
21118	**35116**	**3953**	**146**	**55701**	**195844**
17	778		17	1158	12120
17	709		13	812	12120
1724	3432	18	66	6089	41506
585	3352		32	6200	11709

2-1-6 续表 2

行 业	Industry	#出口 Exports
合计	**Total**	**157922**
医药制造业	**Manufacture of Medicines**	**549**
#化学药品制造	Manufacture of Chemical Medicine	
中成药生产	Manufacture of Finished Traditional Chinese Herbal Medicine	
生物药品制品制造	Manufacture of Biopharmaceutical Products	549
电子及通信设备制造业	**Manufacture of Electronic Equipment and Communication Equipment**	**155574**
电子工业专用设备制造	Manufacture of Special Equipment for Electronic Industry	994
光纤光缆及锂离子电池制造	Manufacture of Optical Fiber and Cable, and Lithium Ion Battery	
#锂离子电池制造	Manufacture of Lithium Ion Batteries	
#通信设备、雷达及配套设备制造	Manufacture of Communication Equipment, Radar and Matching Equipment	
#通信系统设备制造	Manufacture of Communication System Equipment	
通信终端设备制造	Manufacture of Communication Terminal Equipment	
雷达及配套设备制造	Manufacture of Radar and Related Equipment	
广播电视设备制造	Manufacture of Broadcasting and TV Equipment	
非专业视听设备制造	Manufacture of Non-professional Audio-visual Equipment	46523
电子器件制造	Manufacture of Electronic Appliances	2267
#电子真空器件制造	Manufacture of Electronic Vacuum Appliances	
半导体分立器件制造	Manufacture of Semiconductor Discreting Appliances	
集成电路制造	Manufacture of Integrate Circuit	
光电子器件制造	Manufacture of Optoelectronic Devices	1265
电子元件及电子专用材料制造	Manufacture of Electronic Components and Electronic Specialized Materials	105790
#电阻电容电感元件制造	Manufacture of Resistance, Capacitance and Inductance Components	
电子电路制造	Manufacture of Electronic Circuit	
电子专用材料制造	Manufacture of Electronic Specialized Materials	105790
智能消费设备制造	Manufacturing of Intelligent Consumption Equipment	
其他电子设备制造	Other Electronic Equipment	
计算机及办公设备制造业	**Manufacture of Computers and Office Equipments**	**884**
#计算机整机制造	Manufacture of Entired Computer	
计算机零部件制造	Manufacture of Parts and Fixture for Computer	
计算机外围设备制造	Manufacture of Computer Peripheral Equipment	884
办公设备制造	Manufacture of Office Equipment	
医疗仪器设备及仪器仪表制造业	**Manufacture of Medical Equipments and Meters**	
#医疗仪器设备及器械制造	Manufacture of Medical Equipment and Appliances	
#医疗诊断、监护及治疗设备制造	Manufacture of Medical Diagnosis, Monitoring and Treatment Equipment	
医疗、外科及兽医用器械制造	Manufacture of Medical, Surgical and Veterinary Instruments	
通用仪器仪表制造	Manufacture of General Instruments	
专用仪器仪表制造	Manufacture of Special Instruments	
信息化学品制造业	**Manufacture of Electronic Chemicals**	

continued

专利申请数 (件) Patent Applications (unit)	#发明专利 Invention Patents	有效发明专利数 (件) Number of Patents In Force (unit)	引进技术经费支出 (万元) Expenditure for Acquisition of Foreign Technology (10000 yuan)	消化吸收经费支出 (万元) Expenditure for Assimilation of Technology (10000 yuan)	购买境内技术经费支出 (万元) Expenditure for Purchase of Domestic Technology (10000 yuan)
6666	**5258**	**4908**			**2759**
81	**26**	**195**			
14	3	82			
34	15	44			
9	4	19			
5119	**4272**	**1704**			**2734**
43	14	12			
54	2	55			
54	2	55			
137	64	247			2734
38	14	117			
21	11	40			
78	39	90			2734
4693	4093	1177			
4581	4066	1094			
5	5	2			
52	11	10			
172	81	172			
1	1	4			
4	4	31			
61	34	73			
20	18	41			
60	**11**	**75**			
32	9	59			
19	2	4			
1		12			
8					
251	**171**	**704**			
3	1	3			
2	**1**	**3**			
51	23	88			
58	26	23			

2-1-6 续表 3

行 业	Industry	技术改造经费支出(万元) Expenditure for Technical Renovation (10000 yuan)
合计	**Total**	**30105**
医药制造业	**Manufacture of Medicines**	**1841**
#化学药品制造	Manufacture of Chemical Medicine	1681
中成药生产	Manufacture of Finished Traditional Chinese Herbal Medicine	160
生物药品制品制造	Manufacture of Biopharmaceutical Products	
电子及通信设备制造业	**Manufacture of Electronic Equipment and Communication Equipment**	**11689**
电子工业专用设备制造	Manufacture of Special Equipment for Electronic Industry	
光纤光缆及锂离子电池制造	Manufacture of Optical Fiber and Cable, and Lithium Ion Battery	2000
#锂离子电池制造	Manufacture of Lithium Ion Batteries	2000
#通信设备、雷达及配套设备制造	Manufacture of Communication Equipment, Radar and Matching Equipment	3037
#通信系统设备制造	Manufacture of Communication System Equipment	
通信终端设备制造	Manufacture of Communication Terminal Equipment	
雷达及配套设备制造	Manufacture of Radar and Related Equipment	3037
广播电视设备制造	Manufacture of Broadcasting and TV Equipment	
非专业视听设备制造	Manufacture of Non-professional Audio-visual Equipment	
电子器件制造	Manufacture of Electronic Appliances	5040
#电子真空器件制造	Manufacture of Electronic Vacuum Appliances	1819
半导体分立器件制造	Manufacture of Semiconductor Discreting Appliances	
集成电路制造	Manufacture of Integrate Circuit	
光电子器件制造	Manufacture of Optoelectronic Devices	2200
电子元件及电子专用材料制造	Manufacture of Electronic Components and Electronic Specialized Materials	1612
#电阻电容电感元件制造	Manufacture of Resistance, Capacitance and Inductance Components	
电子电路制造	Manufacture of Electronic Circuit	1297
电子专用材料制造	Manufacture of Electronic Specialized Materials	315
智能消费设备制造	Manufacturing of Intelligent Consumption Equipment	
其他电子设备制造	Other Electronic Equipment	
计算机及办公设备制造业	**Manufacture of Computers and Office Equipments**	
#计算机整机制造	Manufacture of Entired Computer	
计算机零部件制造	Manufacture of Parts and Fixture for Computer	
计算机外围设备制造	Manufacture of Computer Peripheral Equipment	
办公设备制造	Manufacture of Office Equipment	
医疗仪器设备及仪器仪表制造业	**Manufacture of Medical Equipments and Meters**	
#医疗仪器设备及器械制造	Manufacture of Medical Equipment and Appliances	
#医疗诊断、监护及治疗设备制造	Manufacture of Medical Diagnosis, Monitoring and Treatment Equipment	
医疗、外科及兽医用器械制造	Manufacture of Medical, Surgical and Veterinary Instruments	
通用仪器仪表制造	Manufacture of General Instruments	
专用仪器仪表制造	Manufacture of Special Instruments	
信息化学品制造业	**Manufacture of Electronic Chemicals**	

continued

有研发机构的企业数（个）Number of Enterprises with R&D Institutions (unit)	机构数（个）R&D Institutions (unit)	机构人员（人）Personnel in R&D Institutions (person)	机构经费支出（万元）Expenditure in R&D Institutions (10000 yuan)	#仪器设备 Equipment
76	**111**	**9016**	**331526**	**521843**
19	**25**	**769**	**16631**	**17077**
6	10	252	7262	5467
6	7	252	5369	8845
2	3	97	1095	565
25	**38**	**1613**	**66168**	**50628**
4	4	87	1398	1548
3	3	73	1292	860
6	16	680	21511	14200
3	4	165	7178	2060
1	9	162	7307	1356
2	3	353	7026	10784
9	10	584	27939	25308
1	1	119	7125	6487
2	3	80	2694	4858
3	3	164	4214	3823
6	8	262	15320	9572
1	1	5	196	42
1	2	86	2548	4241
4	5	171	12575	5289
2	**6**	**85**	**2062**	**460**
1	5	51	855	29
1	1	34	1207	431
8	**11**	**467**	**13225**	**16825**
1	1	26	845	506
1	**1**	**26**	**845**	**506**
3	6	126	2709	2243
1	1	25	673	47

2-1-7 按行业分港澳台投资企业高技术产业研发相关情况(2020年)

行 业	Industry	有R&D活动的企业数(个) Number of Enterprises Having R&D Activities (unit)
合计	**Total**	**1609**
医药制造业	**Manufacture of Medicines**	**241**
#化学药品制造	Manufacture of Chemical Medicine	98
中成药生产	Manufacture of Finished Traditional Chinese Herbal Medicine	48
生物药品制品制造	Manufacture of Biopharmaceutical Products	53
电子及通信设备制造业	**Manufacture of Electronic Equipment and Communication Equipment**	**987**
电子工业专用设备制造	Manufacture of Special Equipment for Electronic Industry	37
光纤光缆及锂离子电池制造	Manufacture of Optical Fiber and Cable, and Lithium Ion Battery	54
#锂离子电池制造	Manufacture of Lithium Ion Batteries	43
#通信设备、雷达及配套设备制造	Manufacture of Communication Equipment, Radar and Matching Equipment	67
#通信系统设备制造	Manufacture of Communication System Equipment	31
通信终端设备制造	Manufacture of Communication Terminal Equipment	33
雷达及配套设备制造	Manufacture of Radar and Related Equipment	3
广播电视设备制造	Manufacture of Broadcasting and TV Equipment	24
非专业视听设备制造	Manufacture of Non-professional Audio-visual Equipment	72
电子器件制造	Manufacture of Electronic Appliances	223
#电子真空器件制造	Manufacture of Electronic Vacuum Appliances	23
半导体分立器件制造	Manufacture of Semiconductor Discreting Appliances	18
集成电路制造	Manufacture of Integrate Circuit	57
光电子器件制造	Manufacture of Optoelectronic Devices	38
电子元件及电子专用材料制造	Manufacture of Electronic Components and Electronic Specialized Materials	416
#电阻电容电感元件制造	Manufacture of Resistance, Capacitance and Inductance Components	77
电子电路制造	Manufacture of Electronic Circuit	125
电子专用材料制造	Manufacture of Electronic Specialized Materials	44
智能消费设备制造	Manufacturing of Intelligent Consumption Equipment	36
其他电子设备制造	Other Electronic Equipment	58
计算机及办公设备制造业	**Manufacture of Computers and Office Equipments**	**140**
#计算机整机制造	Manufacture of Entired Computer	16
计算机零部件制造	Manufacture of Parts and Fixture for Computer	56
计算机外围设备制造	Manufacture of Computer Peripheral Equipment	40
办公设备制造	Manufacture of Office Equipment	16
医疗仪器设备及仪器仪表制造业	**Manufacture of Medical Equipments and Meters**	**224**
#医疗仪器设备及器械制造	Manufacture of Medical Equipment and Appliances	94
#医疗诊断、监护及治疗设备制造	Manufacture of Medical Diagnosis, Monitoring and Treatment Equipment	24
医疗、外科及兽医用器械制造	Manufacture of Medical, Surgical and Veterinary Instruments	29
通用仪器仪表制造	Manufacture of General Instruments	82
专用仪器仪表制造	Manufacture of Special Instruments	21
信息化学品制造业	**Manufacture of Electronic Chemicals**	**7**

R&D Statistics on High-tech Industry of Enterprises with Funds from Hong Kong, Macau and Taiwan by Industrial Sector (2020)

R&D人员 (人) R&D Personnel (person)	#全时人员 Full-time Personnel	#研究人员 Researchers	R&D人员折合全时当量 (人年) Full-time Equivalent (man-year)	R&D经费内部支出 (万元) Intramural Expenditure on R&D (10000 yuan)	#人员劳务费 Labor Cost
152290	**122894**	**48819**	**120650**	**5284079**	**1989902**
16242	**12669**	**7603**	**12271**	**1041760**	**250645**
8350	6594	4099	6436	543550	141744
2670	1934	1157	2016	157162	23538
3141	2536	1575	2402	262364	67959
105131	**85418**	**29986**	**83955**	**3292351**	**1310804**
1550	1253	451	1084	37928	17762
6488	4784	2257	4598	332069	144626
6169	4527	2183	4330	318403	140874
21858	18178	8870	19495	832444	411063
7292	6395	3824	6888	320292	209255
14522	11744	5032	12565	511220	201489
44	39	14	43	932	318
1854	1579	639	1407	51736	18281
6636	5664	2144	5166	207164	74177
24907	20888	6184	20444	813571	278766
795	610	139	572	14635	4649
654	488	243	563	16261	4496
6662	5706	3146	4727	431801	141375
1663	1219	459	1152	48643	15766
29274	22791	6672	22619	774771	275650
4396	3571	1027	3634	136028	41215
13991	10916	2911	10841	294329	106914
1719	1245	417	1318	73395	16338
2827	2489	1189	2368	125917	42507
9737	7792	1580	6776	116752	47974
18752	**15792**	**6549**	**15479**	**541527**	**262452**
8188	7056	3986	6774	231673	126071
6668	5615	1188	5710	204249	73667
1599	1197	489	1269	31439	16562
1047	902	351	581	34668	20418
10729	**7812**	**4081**	**8052**	**386266**	**152087**
3859	3111	1385	2778	138576	56674
811	620	301	585	34564	14862
1093	838	438	867	33149	13607
3058	2199	1139	2414	83684	46254
455	347	105	375	8016	3333
367	**252**	**126**	**245**	**4385**	**1612**

2-1-7 续表 1

行 业	Industry	#仪器和设备 Equipment
合计	**Total**	**379489**
医药制造业	**Manufacture of Medicines**	**51258**
#化学药品制造	Manufacture of Chemical Medicine	19556
中成药生产	Manufacture of Finished Traditional Chinese Herbal Medicine	8175
生物药品制品制造	Manufacture of Biopharmaceutical Products	20347
电子及通信设备制造业	**Manufacture of Electronic Equipment and Communication Equipment**	**288760**
电子工业专用设备制造	Manufacture of Special Equipment for Electronic Industry	6111
光纤光缆及锂离子电池制造	Manufacture of Optical Fiber and Cable, and Lithium Ion Battery	56339
#锂离子电池制造	Manufacture of Lithium Ion Batteries	55472
#通信设备、雷达及配套设备制造	Manufacture of Communication Equipment, Radar and Matching Equipment	20830
#通信系统设备制造	Manufacture of Communication System Equipment	2619
通信终端设备制造	Manufacture of Communication Terminal Equipment	18204
雷达及配套设备制造	Manufacture of Radar and Related Equipment	8
广播电视设备制造	Manufacture of Broadcasting and TV Equipment	9156
非专业视听设备制造	Manufacture of Non-professional Audio-visual Equipment	7645
电子器件制造	Manufacture of Electronic Appliances	100195
#电子真空器件制造	Manufacture of Electronic Vacuum Appliances	2267
半导体分立器件制造	Manufacture of Semiconductor Discreting Appliances	1892
集成电路制造	Manufacture of Integrate Circuit	73120
光电子器件制造	Manufacture of Optoelectronic Devices	2786
电子元件及电子专用材料制造	Manufacture of Electronic Components and Electronic Specialized Materials	77703
#电阻电容电感元件制造	Manufacture of Resistance, Capacitance and Inductance Components	34880
电子电路制造	Manufacture of Electronic Circuit	23858
电子专用材料制造	Manufacture of Electronic Specialized Materials	3559
智能消费设备制造	Manufacturing of Intelligent Consumption Equipment	8558
其他电子设备制造	Other Electronic Equipment	2224
计算机及办公设备制造业	**Manufacture of Computers and Office Equipments**	**7108**
#计算机整机制造	Manufacture of Entired Computer	3498
计算机零部件制造	Manufacture of Parts and Fixture for Computer	1293
计算机外围设备制造	Manufacture of Computer Peripheral Equipment	1866
办公设备制造	Manufacture of Office Equipment	277
医疗仪器设备及仪器仪表制造业	**Manufacture of Medical Equipments and Meters**	**30571**
#医疗仪器设备及器械制造	Manufacture of Medical Equipment and Appliances	3388
#医疗诊断、监护及治疗设备制造	Manufacture of Medical Diagnosis, Monitoring and Treatment Equipment	390
医疗、外科及兽医用器械制造	Manufacture of Medical, Surgical and Veterinary Instruments	1262
通用仪器仪表制造	Manufacture of General Instruments	2475
专用仪器仪表制造	Manufacture of Special Instruments	243
信息化学品制造业	**Manufacture of Electronic Chemicals**	**368**

continued

#政府资金 Government Funds	#企业资金 Self-raised Funds by Enterprises	R&D经费外部支出(万元) External Expenditure on R&D (10000 yuan)	新产品开发项目数(项) New Products (item)	新产品开发经费支出(万元) Expenditure on New Products Development	新产品销售收入(万元) Sales Revenue of New Products (10000 yuan)
104021	**5135851**	**328504**	**14516**	**6575430**	**133988366**
24528	**1015383**	**153190**	**3285**	**1277120**	**8745775**
8423	534849	88748	1619	699950	5860692
2308	154853	11335	587	172579	926070
13217	247667	46122	626	310820	852839
67804	**3209902**	**132753**	**7900**	**4067786**	**92498133**
195	37544	334	229	43210	573422
5795	326267	3279	444	401181	6209031
5769	312627	3279	368	387036	6005772
3684	828014	62054	821	972749	48965118
2429	317116	31121	250	343864	4680154
1254	509966	30902	560	627902	44249179
	932	30	11	983	35785
8	51728	322	196	57902	638417
459	206032	1255	566	277679	5725654
50558	752539	46101	1888	1011118	11282029
24	14482	2754	107	14995	223006
	16149	222	121	23958	477206
48481	373570	17592	536	467285	1737833
226	47933	677	236	63761	450755
5055	767161	9486	2953	1030722	13411146
356	134648	637	510	160731	1183858
2974	291190	266	1065	412992	6520928
899	72496	1104	311	113452	1275603
257	125660	6006	376	129263	2612816
1794	114958	3916	427	143963	3080501
2856	**511930**	**22159**	**1246**	**739843**	**29408286**
229	205654	17735	338	410890	21451245
1276	202874	2320	422	187945	4999230
107	30567	1654	314	44165	2546411
1174	33464	451	78	39700	112305
8642	**376652**	**20328**	**1845**	**460077**	**3088677**
4862	132741	14402	926	176197	964825
713	33851	10043	198	48392	145129
1857	31292	390	279	40022	312875
2551	81132	4701	616	98574	748362
183	7833	98	102	11603	113017
191	**4194**	**4**	**38**	**10134**	**137368**

2-1-7 续表 2

行 业	Industry	#出口 Exports
合计	**Total**	**83858310**
医药制造业	**Manufacture of Medicines**	**478673**
#化学药品制造	Manufacture of Chemical Medicine	223288
中成药生产	Manufacture of Finished Traditional Chinese Herbal Medicine	37596
生物药品制品制造	Manufacture of Biopharmaceutical Products	147158
电子及通信设备制造业	**Manufacture of Electronic Equipment and Communication Equipment**	**58857423**
电子工业专用设备制造	Manufacture of Special Equipment for Electronic Industry	58297
光纤光缆及锂离子电池制造	Manufacture of Optical Fiber and Cable, and Lithium Ion Battery	2629172
#锂离子电池制造	Manufacture of Lithium Ion Batteries	2603614
#通信设备、雷达及配套设备制造	Manufacture of Communication Equipment, Radar and Matching Equipment	36387984
#通信系统设备制造	Manufacture of Communication System Equipment	462516
通信终端设备制造	Manufacture of Communication Terminal Equipment	35920224
雷达及配套设备制造	Manufacture of Radar and Related Equipment	5244
广播电视设备制造	Manufacture of Broadcasting and TV Equipment	235488
非专业视听设备制造	Manufacture of Non-professional Audio-visual Equipment	3085165
电子器件制造	Manufacture of Electronic Appliances	7594404
#电子真空器件制造	Manufacture of Electronic Vacuum Appliances	8044
半导体分立器件制造	Manufacture of Semiconductor Discreting Appliances	238834
集成电路制造	Manufacture of Integrate Circuit	1100789
光电子器件制造	Manufacture of Optoelectronic Devices	239701
电子元件及电子专用材料制造	Manufacture of Electronic Components and Electronic Specialized Materials	6035311
#电阻电容电感元件制造	Manufacture of Resistance, Capacitance and Inductance Components	393167
电子电路制造	Manufacture of Electronic Circuit	3619425
电子专用材料制造	Manufacture of Electronic Specialized Materials	207008
智能消费设备制造	Manufacturing of Intelligent Consumption Equipment	723077
其他电子设备制造	Other Electronic Equipment	2108526
计算机及办公设备制造业	**Manufacture of Computers and Office Equipments**	**23734961**
#计算机整机制造	Manufacture of Entired Computer	17176342
计算机零部件制造	Manufacture of Parts and Fixture for Computer	4080826
计算机外围设备制造	Manufacture of Computer Peripheral Equipment	2180297
办公设备制造	Manufacture of Office Equipment	53736
医疗仪器设备及仪器仪表制造业	**Manufacture of Medical Equipments and Meters**	**678925**
#医疗仪器设备及器械制造	Manufacture of Medical Equipment and Appliances	289963
#医疗诊断、监护及治疗设备制造	Manufacture of Medical Diagnosis, Monitoring and Treatment Equipment	95848
医疗、外科及兽医用器械制造	Manufacture of Medical, Surgical and Veterinary Instruments	39235
通用仪器仪表制造	Manufacture of General Instruments	75826
专用仪器仪表制造	Manufacture of Special Instruments	17558
信息化学品制造业	**Manufacture of Electronic Chemicals**	**26581**

continued

专利申请数 (件) Patent Applications (unit)	#发明专利 Invention Patents	有效发明专利数 (件) Number of Patents In Force (unit)	引进技术经费支出 (万元) Expenditure for Acquisition of Foreign Technology (10000 yuan)	消化吸收经费支出 (万元) Expenditure for Assimilation of Technology (10000 yuan)	购买境内技术经费支出 (万元) Expenditure for Purchase of Domestic Technology (10000 yuan)
23262	**10874**	**49898**	**27722**	**630**	**136285**
2095	**1575**	**4610**	**2943**		**56743**
1207	1025	2774	2725		56318
238	158	735			
387	305	782	217		50
14596	**6490**	**26592**	**23620**	**630**	**78145**
500	160	501			
1570	949	1724	662	394	43927
1497	925	1534	662	394	43927
1626	939	7329			128
797	457	6046			
818	481	1280			128
11	1	3			
693	353	1359			1000
1672	661	2819	1707		20064
3524	2019	6374	17031	236	9187
117	19	87			
146	42	141	220		266
1739	1368	3013	9504	236	2425
295	50	414	567		550
3596	1041	5271	3920		3740
716	183	614			201
1201	426	1989	1600		
295	109	592			114
844	214	565			
571	154	650	301		100
3236	**1647**	**14455**	**1051**		**227**
1789	1023	10577			
439	140	421			
746	372	1996	1051		187
114	33	405			40
3182	**1098**	**3938**	**108**		**1159**
1437	529	2551	10		949
443	122	712	10		31
476	221	1286			3
910	246	889	98		117
187	43	144			
41	**24**	**140**			**10**

2-1-7 续表 3

行 业	Industry	技术改造经费支出(万元) Expenditure for Technical Renovation (10000 yuan)
合计	**Total**	**974559**
医药制造业	**Manufacture of Medicines**	**144789**
#化学药品制造	Manufacture of Chemical Medicine	130032
中成药生产	Manufacture of Finished Traditional Chinese Herbal Medicine	3788
生物药品制品制造	Manufacture of Biopharmaceutical Products	9909
电子及通信设备制造业	**Manufacture of Electronic Equipment and Communication Equipment**	**515323**
电子工业专用设备制造	Manufacture of Special Equipment for Electronic Industry	2088
光纤光缆及锂离子电池制造	Manufacture of Optical Fiber and Cable, and Lithium Ion Battery	11263
#锂离子电池制造	Manufacture of Lithium Ion Batteries	11069
#通信设备、雷达及配套设备制造	Manufacture of Communication Equipment, Radar and Matching Equipment	13240
#通信系统设备制造	Manufacture of Communication System Equipment	9753
通信终端设备制造	Manufacture of Communication Terminal Equipment	3485
雷达及配套设备制造	Manufacture of Radar and Related Equipment	2
广播电视设备制造	Manufacture of Broadcasting and TV Equipment	6274
非专业视听设备制造	Manufacture of Non-professional Audio-visual Equipment	36989
电子器件制造	Manufacture of Electronic Appliances	141320
#电子真空器件制造	Manufacture of Electronic Vacuum Appliances	13018
半导体分立器件制造	Manufacture of Semiconductor Discreting Appliances	539
集成电路制造	Manufacture of Integrate Circuit	48196
光电子器件制造	Manufacture of Optoelectronic Devices	19792
电子元件及电子专用材料制造	Manufacture of Electronic Components and Electronic Specialized Materials	269333
#电阻电容电感元件制造	Manufacture of Resistance, Capacitance and Inductance Components	60819
电子电路制造	Manufacture of Electronic Circuit	137380
电子专用材料制造	Manufacture of Electronic Specialized Materials	22527
智能消费设备制造	Manufacturing of Intelligent Consumption Equipment	12211
其他电子设备制造	Other Electronic Equipment	22605
计算机及办公设备制造业	**Manufacture of Computers and Office Equipments**	**210438**
#计算机整机制造	Manufacture of Entired Computer	161405
计算机零部件制造	Manufacture of Parts and Fixture for Computer	39684
计算机外围设备制造	Manufacture of Computer Peripheral Equipment	8970
办公设备制造	Manufacture of Office Equipment	294
医疗仪器设备及仪器仪表制造业	**Manufacture of Medical Equipments and Meters**	**101601**
#医疗仪器设备及器械制造	Manufacture of Medical Equipment and Appliances	16943
#医疗诊断、监护及治疗设备制造	Manufacture of Medical Diagnosis, Monitoring and Treatment Equipment	838
医疗、外科及兽医用器械制造	Manufacture of Medical, Surgical and Veterinary Instruments	3752
通用仪器仪表制造	Manufacture of General Instruments	78771
专用仪器仪表制造	Manufacture of Special Instruments	1413
信息化学品制造业	**Manufacture of Electronic Chemicals**	**1841**

continued

有研发机构的企业数(个) Number of Enterprises with R&D Institutions (unit)	机构数(个) R&D Institutions (unit)	机构人员(人) Personnel in R&D Institutions (person)	机构经费支出(万元) Expenditure in R&D Institutions (10000 yuan)	#仪器设备 Equipment
1373	**1577**	**159964**	**5369238**	**4689736**
180	**241**	**19230**	**1168759**	**1463460**
84	113	11778	710332	1222244
38	54	2743	162102	58402
32	41	3425	252143	138401
911	**1024**	**115908**	**3320530**	**2693149**
29	30	1456	32809	19345
40	53	7372	332793	169573
31	42	7046	319075	160048
67	81	27430	893743	397008
31	36	7351	390235	168934
34	43	20043	502665	227945
2	2	36	843	129
20	22	1723	34081	16098
76	84	7868	271819	117492
198	233	25008	691032	371724
22	37	693	19017	19308
16	16	699	18759	31091
43	46	4017	251856	93546
33	39	2134	60533	39995
394	430	31765	808359	1504143
72	77	4724	127485	173454
132	142	14759	336257	481958
34	44	1908	65997	43464
32	35	2794	128782	42838
55	56	10492	127112	54928
119	**137**	**14349**	**496770**	**203534**
9	9	3407	141220	32072
53	59	7422	251813	75160
32	42	1249	27395	47265
13	13	903	37680	18083
151	**161**	**9627**	**362133**	**260734**
55	56	3029	116335	35040
12	13	695	38593	4147
15	15	645	19356	9347
56	65	2561	72897	158537
16	16	451	10464	6035
5	**5**	**230**	**3012**	**38437**

2-1-8 按行业分外商投资企业高技术产业研发相关情况(2020年)

行业	Industry	有R&D活动的企业数(个) Number of Enterprises Having R&D Activities (unit)
合计	**Total**	**1832**
医药制造业	**Manufacture of Medicines**	**242**
#化学药品制造	Manufacture of Chemical Medicine	108
中成药生产	Manufacture of Finished Traditional Chinese Herbal Medicine	23
生物药品制品制造	Manufacture of Biopharmaceutical Products	49
电子及通信设备制造业	**Manufacture of Electronic Equipment and Communication Equipment**	**1070**
电子工业专用设备制造	Manufacture of Special Equipment for Electronic Industry	41
光纤光缆及锂离子电池制造	Manufacture of Optical Fiber and Cable, and Lithium Ion Battery	42
#锂离子电池制造	Manufacture of Lithium Ion Batteries	30
#通信设备、雷达及配套设备制造	Manufacture of Communication Equipment, Radar and Matching Equipment	95
#通信系统设备制造	Manufacture of Communication System Equipment	46
通信终端设备制造	Manufacture of Communication Terminal Equipment	48
雷达及配套设备制造	Manufacture of Radar and Related Equipment	1
广播电视设备制造	Manufacture of Broadcasting and TV Equipment	28
非专业视听设备制造	Manufacture of Non-professional Audio-visual Equipment	61
电子器件制造	Manufacture of Electronic Appliances	289
#电子真空器件制造	Manufacture of Electronic Vacuum Appliances	12
半导体分立器件制造	Manufacture of Semiconductor Discreting Appliances	35
集成电路制造	Manufacture of Integrate Circuit	83
光电子器件制造	Manufacture of Optoelectronic Devices	68
电子元件及电子专用材料制造	Manufacture of Electronic Components and Electronic Specialized Materials	434
#电阻电容电感元件制造	Manufacture of Resistance, Capacitance and Inductance Components	79
电子电路制造	Manufacture of Electronic Circuit	83
电子专用材料制造	Manufacture of Electronic Specialized Materials	85
智能消费设备制造	Manufacturing of Intelligent Consumption Equipment	36
其他电子设备制造	Other Electronic Equipment	44
计算机及办公设备制造业	**Manufacture of Computers and Office Equipments**	**150**
#计算机整机制造	Manufacture of Entired Computer	18
计算机零部件制造	Manufacture of Parts and Fixture for Computer	67
计算机外围设备制造	Manufacture of Computer Peripheral Equipment	35
办公设备制造	Manufacture of Office Equipment	14
医疗仪器设备及仪器仪表制造业	**Manufacture of Medical Equipments and Meters**	**344**
#医疗仪器设备及器械制造	Manufacture of Medical Equipment and Appliances	133
#医疗诊断、监护及治疗设备制造	Manufacture of Medical Diagnosis, Monitoring and Treatment Equipment	40
医疗、外科及兽医用器械制造	Manufacture of Medical, Surgical and Veterinary Instruments	31
通用仪器仪表制造	Manufacture of General Instruments	131
专用仪器仪表制造	Manufacture of Special Instruments	50
信息化学品制造业	**Manufacture of Electronic Chemicals**	**6**

R&D Statistics on High-tech Industry of Foreign Funded Enterprises by Industrial Sector (2020)

R&D人员 (人) R&D Personnel (person)	#全时人员 Full-time Personnel	#研究人员 Researchers	R&D人员折合全时当量 (人年) Full-time Equivalent (man-year)	R&D经费内部支出 (万元) Intramural Expenditure on R&D (10000 yuan)	#人员劳务费 Labor Cost
145367	**112831**	**48174**	**108297**	**5546057**	**2140180**
13280	**10855**	**6205**	**9923**	**682133**	**217963**
6200	5192	3024	4833	304982	108883
1592	1246	786	1105	86192	24903
3273	2710	1617	2340	219827	62542
99099	**74815**	**30618**	**73551**	**3701318**	**1409324**
1933	1575	655	1203	106669	35835
2711	2050	1095	2123	95420	27788
2121	1671	840	1687	66257	21064
22879	17977	6592	15353	562463	291075
5857	4819	2437	4559	179297	106156
16986	13128	4142	10781	382478	184511
36	30	13	13	688	408
1128	924	459	906	39948	23167
4704	3950	1581	3410	203338	77728
29308	21213	10078	23550	1565449	531572
570	428	202	442	8252	3664
1556	1128	634	1303	54881	23719
12252	9286	4862	10388	941593	315024
4734	3711	1622	3663	157129	82566
29809	22413	7842	22658	773465	289526
3859	2788	937	2329	66275	29027
10941	8190	2717	9025	294501	116197
4327	3446	1424	3012	134007	48105
4871	3241	1757	2902	310918	110385
1756	1472	559	1447	43650	22246
17149	**14258**	**4620**	**12786**	**622527**	**243532**
8549	7608	2557	5780	355579	134736
4815	3552	743	4196	129423	50175
1942	1540	625	1304	68933	32109
967	842	274	778	17692	10225
14725	**12192**	**6295**	**11212**	**503036**	**260859**
4903	4040	2254	3694	226564	106578
2301	1917	1170	1826	146861	68735
1089	870	464	746	31466	15456
6250	5099	2647	4773	171670	105244
2296	1967	931	1700	70697	32686
158	**101**	**67**	**82**	**3388**	**1667**

2-1-8 续表 1

行 业	Industry	#仪器和设备 Equipment
合计	**Total**	**513177**
医药制造业	**Manufacture of Medicines**	**50513**
#化学药品制造	Manufacture of Chemical Medicine	21279
中成药生产	Manufacture of Finished Traditional Chinese Herbal Medicine	7243
生物药品制品制造	Manufacture of Biopharmaceutical Products	17066
电子及通信设备制造业	**Manufacture of Electronic Equipment and Communication Equipment**	**408400**
电子工业专用设备制造	Manufacture of Special Equipment for Electronic Industry	12370
光纤光缆及锂离子电池制造	Manufacture of Optical Fiber and Cable, and Lithium Ion Battery	14261
#锂离子电池制造	Manufacture of Lithium Ion Batteries	6585
#通信设备、雷达及配套设备制造	Manufacture of Communication Equipment, Radar and Matching Equipment	45731
#通信系统设备制造	Manufacture of Communication System Equipment	8690
通信终端设备制造	Manufacture of Communication Terminal Equipment	37040
雷达及配套设备制造	Manufacture of Radar and Related Equipment	
广播电视设备制造	Manufacture of Broadcasting and TV Equipment	644
非专业视听设备制造	Manufacture of Non-professional Audio-visual Equipment	6151
电子器件制造	Manufacture of Electronic Appliances	263976
#电子真空器件制造	Manufacture of Electronic Vacuum Appliances	152
半导体分立器件制造	Manufacture of Semiconductor Discreting Appliances	8504
集成电路制造	Manufacture of Integrate Circuit	192626
光电子器件制造	Manufacture of Optoelectronic Devices	10821
电子元件及电子专用材料制造	Manufacture of Electronic Components and Electronic Specialized Materials	59243
#电阻电容电感元件制造	Manufacture of Resistance, Capacitance and Inductance Components	6459
电子电路制造	Manufacture of Electronic Circuit	27872
电子专用材料制造	Manufacture of Electronic Specialized Materials	9304
智能消费设备制造	Manufacturing of Intelligent Consumption Equipment	4552
其他电子设备制造	Other Electronic Equipment	1474
计算机及办公设备制造业	**Manufacture of Computers and Office Equipments**	**21986**
#计算机整机制造	Manufacture of Entired Computer	13040
计算机零部件制造	Manufacture of Parts and Fixture for Computer	1815
计算机外围设备制造	Manufacture of Computer Peripheral Equipment	2373
办公设备制造	Manufacture of Office Equipment	205
医疗仪器设备及仪器仪表制造业	**Manufacture of Medical Equipments and Meters**	**28922**
#医疗仪器设备及器械制造	Manufacture of Medical Equipment and Appliances	10664
#医疗诊断、监护及治疗设备制造	Manufacture of Medical Diagnosis, Monitoring and Treatment Equipment	5653
医疗、外科及兽医用器械制造	Manufacture of Medical, Surgical and Veterinary Instruments	972
通用仪器仪表制造	Manufacture of General Instruments	7401
专用仪器仪表制造	Manufacture of Special Instruments	4373
信息化学品制造业	**Manufacture of Electronic Chemicals**	**560**

continued

#政府资金 Government Funds	#企业资金 Self-raised Funds by Enterprises	R&D经费外部支出(万元) External Expenditure on R&D (10000 yuan)	新产品开发项目数(项) New Products (item)	新产品开发经费支出(万元) Expenditure on New Products Development	新产品销售收入(万元) Sales Revenue of New Products (10000 yuan)
166648	**5269823**	**493013**	**14554**	**6673890**	**107688943**
14370	**640451**	**113964**	**2734**	**686899**	**5051993**
5830	273558	56816	1242	347311	2170981
1840	84352	19751	257	71107	330539
5232	213098	30647	689	184281	1126208
133741	**3537558**	**210574**	**7530**	**4526613**	**75662967**
20048	86621	594	294	120190	380235
1727	93693	2408	378	104570	1532687
1727	64530	2408	270	73462	1212013
1484	544979	10515	866	747137	30250866
1006	171930	5792	353	253082	7195167
478	372361	4180	483	493463	23055698
	688	544	30	592	
219	39729	4502	180	53465	370833
264	202743	79679	368	285929	8250054
98473	1459468	45802	2100	1872117	17937140
9	7639	226	74	10661	223918
370	52941	4598	211	72269	277327
58657	882189	21450	601	1096017	5973832
6556	150552	8091	575	197872	1980471
9760	761179	19842	2745	874444	13703354
432	65250	2890	446	81331	2095163
686	293815	471	606	346719	5288766
1746	130576	2013	507	128620	1839382
1063	308716	44878	273	407687	2397705
704	40429	2353	326	61075	840094
1391	**589926**	**111812**	**1168**	**741436**	**22520764**
496	326198	66571	374	439135	16255603
658	128699	8286	374	141363	3150798
237	66521	5328	228	78237	1052805
	17692	321	69	23747	707875
16018	**466503**	**56589**	**2932**	**668228**	**4302529**
12837	195739	41508	1190	337549	1239393
11042	118020	38103	539	188173	699642
469	30967	1326	274	57440	172965
2812	166557	6602	1070	213079	1961559
257	70216	6936	464	75988	817065
267	**3121**	**30**	**46**	**5327**	**68212**

2-1-8 续表 2

行 业	Industry	#出口 Exports
合计	**Total**	**62109249**
医药制造业	**Manufacture of Medicines**	**1454248**
#化学药品制造	Manufacture of Chemical Medicine	459155
中成药生产	Manufacture of Finished Traditional Chinese Herbal Medicine	49569
生物药品制品制造	Manufacture of Biopharmaceutical Products	336929
电子及通信设备制造业	**Manufacture of Electronic Equipment and Communication Equipment**	**40391237**
电子工业专用设备制造	Manufacture of Special Equipment for Electronic Industry	90175
光纤光缆及锂离子电池制造	Manufacture of Optical Fiber and Cable, and Lithium Ion Battery	701365
#锂离子电池制造	Manufacture of Lithium Ion Batteries	650152
#通信设备、雷达及配套设备制造	Manufacture of Communication Equipment, Radar and Matching Equipment	16261940
#通信系统设备制造	Manufacture of Communication System Equipment	2404846
通信终端设备制造	Manufacture of Communication Terminal Equipment	13857094
雷达及配套设备制造	Manufacture of Radar and Related Equipment	
广播电视设备制造	Manufacture of Broadcasting and TV Equipment	180877
非专业视听设备制造	Manufacture of Non-professional Audio-visual Equipment	3698538
电子器件制造	Manufacture of Electronic Appliances	10010278
#电子真空器件制造	Manufacture of Electronic Vacuum Appliances	93589
半导体分立器件制造	Manufacture of Semiconductor Discreting Appliances	165510
集成电路制造	Manufacture of Integrate Circuit	1686271
光电子器件制造	Manufacture of Optoelectronic Devices	1007678
电子元件及电子专用材料制造	Manufacture of Electronic Components and Electronic Specialized Materials	7970580
#电阻电容电感元件制造	Manufacture of Resistance, Capacitance and Inductance Components	1609499
电子电路制造	Manufacture of Electronic Circuit	3719193
电子专用材料制造	Manufacture of Electronic Specialized Materials	649109
智能消费设备制造	Manufacturing of Intelligent Consumption Equipment	1109308
其他电子设备制造	Other Electronic Equipment	368177
计算机及办公设备制造业	**Manufacture of Computers and Office Equipments**	**18967177**
#计算机整机制造	Manufacture of Entired Computer	14510884
计算机零部件制造	Manufacture of Parts and Fixture for Computer	2309744
计算机外围设备制造	Manufacture of Computer Peripheral Equipment	646065
办公设备制造	Manufacture of Office Equipment	576906
医疗仪器设备及仪器仪表制造业	**Manufacture of Medical Equipments and Meters**	**1236606**
#医疗仪器设备及器械制造	Manufacture of Medical Equipment and Appliances	632032
#医疗诊断、监护及治疗设备制造	Manufacture of Medical Diagnosis, Monitoring and Treatment Equipment	364746
医疗、外科及兽医用器械制造	Manufacture of Medical, Surgical and Veterinary Instruments	102961
通用仪器仪表制造	Manufacture of General Instruments	384671
专用仪器仪表制造	Manufacture of Special Instruments	113519
信息化学品制造业	**Manufacture of Electronic Chemicals**	**41807**

continued

专利申请数 (件) Patent Applications (unit)	#发明专利 Invention Patents	有效发明专利数 (件) Number of Patents In Force (unit)	引进技术经费支出 (万元) Expenditure for Acquisition of Foreign Technology (10000 yuan)	消化吸收经费支出 (万元) Expenditure for Assimilation of Technology (10000 yuan)	购买境内技术经费支出 (万元) Expenditure for Purchase of Domestic Technology (10000 yuan)
25910	**14519**	**41518**	**136515**	**856**	**42186**
2781	**1536**	**4190**	**12173**		**6752**
1609	886	1814	11715		2765
167	116	811			
592	401	783			1330
16885	**9833**	**27927**	**55385**	**670**	**23425**
621	323	1249			
736	271	780			
562	210	426			
1842	962	4443	108		6554
848	433	1483	108		892
993	528	2959			5592
1	1	1			70
218	58	341			
777	306	1988	13		59
7534	5577	11906	27233		7235
113	15	51			
236	75	595			
2919	2415	5094	20218		6616
980	478	1415	7		12
4442	2111	6453	28031	670	7835
373	101	778	227		
757	321	977	24298		5845
875	306	1408	691		1055
343	145	383			1741
372	80	384			
2265	**1464**	**4010**	**2770**		**6012**
649	549	1778	2294		2247
860	538	1412	411		
358	148	502			3728
264	178	176	65		36
3860	**1644**	**5254**	**66187**	**186**	**5998**
1932	993	3343	55937	186	811
681	412	1058	55889	186	300
360	134	698	48		511
1315	472	1359	6817		150
428	116	305			3534
23	**21**	**33**			

2-1-8 续表 3

行 业	Industry	技术改造经费支出(万元) Expenditure for Technical Renovation (10000 yuan)
合计	**Total**	**931687**
医药制造业	**Manufacture of Medicines**	**67588**
#化学药品制造	Manufacture of Chemical Medicine	20622
中成药生产	Manufacture of Finished Traditional Chinese Herbal Medicine	31642
生物药品制品制造	Manufacture of Biopharmaceutical Products	1185
电子及通信设备制造业	**Manufacture of Electronic Equipment and Communication Equipment**	**732357**
电子工业专用设备制造	Manufacture of Special Equipment for Electronic Industry	363
光纤光缆及锂离子电池制造	Manufacture of Optical Fiber and Cable, and Lithium Ion Battery	7536
#锂离子电池制造	Manufacture of Lithium Ion Batteries	1815
#通信设备、雷达及配套设备制造	Manufacture of Communication Equipment, Radar and Matching Equipment	44435
#通信系统设备制造	Manufacture of Communication System Equipment	3117
通信终端设备制造	Manufacture of Communication Terminal Equipment	41248
雷达及配套设备制造	Manufacture of Radar and Related Equipment	70
广播电视设备制造	Manufacture of Broadcasting and TV Equipment	1475
非专业视听设备制造	Manufacture of Non-professional Audio-visual Equipment	49774
电子器件制造	Manufacture of Electronic Appliances	436117
#电子真空器件制造	Manufacture of Electronic Vacuum Appliances	690
半导体分立器件制造	Manufacture of Semiconductor Discreting Appliances	4749
集成电路制造	Manufacture of Integrate Circuit	109482
光电子器件制造	Manufacture of Optoelectronic Devices	66278
电子元件及电子专用材料制造	Manufacture of Electronic Components and Electronic Specialized Materials	157212
#电阻电容电感元件制造	Manufacture of Resistance, Capacitance and Inductance Components	18695
电子电路制造	Manufacture of Electronic Circuit	80148
电子专用材料制造	Manufacture of Electronic Specialized Materials	31353
智能消费设备制造	Manufacturing of Intelligent Consumption Equipment	34026
其他电子设备制造	Other Electronic Equipment	1419
计算机及办公设备制造业	**Manufacture of Computers and Office Equipments**	**75159**
#计算机整机制造	Manufacture of Entired Computer	59364
计算机零部件制造	Manufacture of Parts and Fixture for Computer	10270
计算机外围设备制造	Manufacture of Computer Peripheral Equipment	888
办公设备制造	Manufacture of Office Equipment	2627
医疗仪器设备及仪器仪表制造业	**Manufacture of Medical Equipments and Meters**	**55965**
#医疗仪器设备及器械制造	Manufacture of Medical Equipment and Appliances	22471
#医疗诊断、监护及治疗设备制造	Manufacture of Medical Diagnosis, Monitoring and Treatment Equipment	16016
医疗、外科及兽医用器械制造	Manufacture of Medical, Surgical and Veterinary Instruments	1751
通用仪器仪表制造	Manufacture of General Instruments	9475
专用仪器仪表制造	Manufacture of Special Instruments	15526
信息化学品制造业	**Manufacture of Electronic Chemicals**	**618**

continued

有研发机构的企业数 (个) Number of Enterprises with R&D Institutions (unit)	机构数 (个) R&D Institutions (unit)	机构人员 (人) Personnel in R&D Institutions (person)	机构经费支出 (万元) Expenditure in R&D Institutions (10000 yuan)	#仪器设备 Equipment
1324	**1532**	**120940**	**4497551**	**5230849**
160	**201**	**12160**	**800812**	**408611**
68	85	5716	338332	195860
18	26	1444	70880	29828
29	41	2945	316741	126901
792	**922**	**80976**	**2646702**	**4362114**
34	36	1411	66962	39606
32	48	2276	83737	62996
21	26	1721	63150	43580
75	88	21466	578680	348267
36	48	4203	141476	48707
39	40	17263	437204	299560
20	20	1132	44805	14839
45	53	3596	116590	81592
211	257	22585	990779	3010227
8	9	518	9239	7456
22	24	1205	42871	95825
52	64	7748	379716	1280894
54	69	4196	146923	222005
315	356	25318	672644	749967
52	59	2616	48919	75208
65	76	11445	302053	431801
55	73	2319	89129	90251
19	20	1590	61109	26906
41	44	1602	31395	27714
133	**139**	**14250**	**570325**	**150556**
11	11	6774	311785	35073
60	62	3742	109431	44661
34	36	1882	53097	33643
14	15	990	22470	11969
223	**250**	**12993**	**460427**	**283546**
88	95	4951	222109	144860
22	24	1931	108218	76025
20	25	1266	45963	29880
84	98	5362	153355	96737
25	31	1677	58376	23760
6	**6**	**147**	**5205**	**4210**

2-2-1 各地区高技术产业R&D人员情况(2020年)
R&D Personnel in High-tech Industry by Region(2020)

地区	Region	有R&D活动的企业数(个) Number of Enterprises Having R&D Activities (unit)	R&D人员(人) R&D Personnel (person)	#全时人员 Full-time Personnel	#研究人员 Researchers	R&D人员折合全时当量(人年) Full-time Equivalent (man-year)
全国	**Total**	**23635**	**1291478**	**1032863**	**465545**	**990314**
东部地区	Eastern Region	16205	921249	745691	331209	719760
中部地区	Middle Region	4554	216942	171764	71667	161221
西部地区	Western Region	2399	126480	94906	50640	89359
东北地区	Northeaastern Region	477	26807	20502	12029	19975
北京	Beijing	510	29460	24049	14553	23546
天津	Tianjin	283	19386	15763	9082	12365
河北	Hebei	370	15146	12177	5619	10919
山西	Shanxi	101	9155	7624	1995	6502
内蒙古	Inner Mongolia	54	2771	2171	1074	1527
辽宁	Liaoning	263	18174	13589	8267	13636
吉林	Jilin	115	4107	3373	1906	2928
黑龙江	Heilongjiang	99	4526	3540	1856	3411
上海	Shanghai	566	36823	31316	16759	26917
江苏	Jiangsu	4135	190287	148555	68887	147662
浙江	Zhejiang	2391	119891	93646	44475	97364
安徽	Anhui	1017	40869	30916	15310	32266
福建	Fujian	779	50236	42379	20859	35219
江西	Jiangxi	1048	43833	33958	10852	32247
山东	Shandong	1067	60111	49252	24901	44598
河南	Henan	583	42673	34952	13609	31951
湖北	Hubei	811	43353	34361	17571	30942
湖南	Hunan	994	37059	29953	12330	27314
广东	Guangdong	6066	398766	327688	125544	320479
广西	Guangxi	127	4139	3255	1421	2626
海南	Hainan	38	1143	866	530	692
重庆	Chongqing	485	23927	18828	8788	17339
四川	Sichuan	884	44591	33829	17590	30781
贵州	Guizhou	204	10515	7853	4199	7483
云南	Yunnan	142	6450	4621	2317	5157
西藏	Tibet	4	123	51	61	62
陕西	Shaanxi	386	28894	21077	13131	21005
甘肃	Gansu	45	2143	1271	974	1446
青海	Qinghai	17	425	338	189	293
宁夏	Ningxia	33	1859	1060	636	1227
新疆	Xinjiang	18	643	552	260	414

2-2-2 按地区和企业规模分高技术产业R&D人员情况(2020年)
R&D Personnel in High-tech Industry by Region and Industrial Sector(2020)

地区	Region	大型企业 Large-sized Enterprises				
		有R&D活动的企业数(个) Number of Enterprises Having R&D Activities (unit)	R&D人员(人) R&D Personnel (person)	#全时人员 Full-time Personnel	#研究人员 Researchers	R&D人员折合全时当量(人年) Full-time Equivalent (man-year)
全国	**Total**	**1525**	**635214**	**514152**	**239834**	**507840**
东部地区	Eastern Region	1049	458503	374118	176364	373342
中部地区	Middle Region	255	105574	86483	33239	81370
西部地区	Western Region	190	57713	43303	23693	42908
东北地区	Norheastern Region	31	13424	10248	6538	10220
北京	Beijing	29	12243	9600	6326	10925
天津	Tianjin	17	8395	7110	3945	4907
河北	Hebei	22	5938	4995	2633	4769
山西	Shanxi	11	6048	5333	951	4338
内蒙古	Inner Mongolia	5	1423	1114	597	546
辽宁	Liaoning	17	10146	7479	4907	7517
吉林	Jilin	7	1589	1387	829	1264
黑龙江	Heilongjiang	7	1689	1382	802	1439
上海	Shanghai	45	20553	17701	9586	15406
江苏	Jiangsu	268	77758	60833	28713	61668
浙江	Zhejiang	99	50480	39564	23120	42662
安徽	Anhui	39	17879	13413	7192	14878
福建	Fujian	59	25473	21653	11310	16509
江西	Jiangxi	78	20698	15874	4707	15195
山东	Shandong	74	29687	24661	13165	23704
河南	Henan	51	24935	21809	7005	19700
湖北	Hubei	48	20890	17216	9421	15602
湖南	Hunan	28	15124	12838	3963	11657
广东	Guangdong	435	227962	187988	77559	192780
广西	Guangxi	9	1438	1210	533	940
海南	Hainan	1	14	13	7	13
重庆	Chongqing	42	10047	7937	4109	7871
四川	Sichuan	57	17835	13937	6550	13201
贵州	Guizhou	19	4968	3870	2196	3931
云南	Yunnan	13	3003	2198	1112	2651
西藏	Tibet					
陕西	Shaanxi	34	16841	11806	7708	12316
甘肃	Gansu	3	900	528	502	621
青海	Qinghai	1	42	19	14	8
宁夏	Ningxia	4	842	348	241	591
新疆	Xinjiang	3	374	336	131	233

2-2-2 续表 continued

地　区	Region	中型企业 Medium-sized Enterprises				
		有R&D活动的企业数（个）Number of Enterprises Having R&D Activities (unit)	R&D人员（人）R&D Personnel (person)	#全时人员 Full-time Personnel	#研究人员 Researchers	R&D人员折合全时当量（人年）Full-time Equivalent (man-year)
全　国	**Total**	**4452**	**305821**	**239118**	**110299**	**227120**
东部地区	Eastern Region	3056	216622	171783	76871	164038
中部地区	Middle Region	785	48042	36195	16926	34838
西部地区	Western Region	504	34669	26392	13713	23498
东北地区	Norheastern Region	107	6488	4748	2789	4747
北　京	Beijing	111	8799	7263	4355	6749
天　津	Tianjin	57	5461	4239	2637	3157
河　北	Hebei	71	4272	3328	1460	2636
山　西	Shanxi	28	1981	1443	669	1407
内蒙古	Inner Mongolia	11	543	438	214	393
辽　宁	Liaoning	49	3448	2480	1541	2684
吉　林	Jilin	31	1453	1137	657	940
黑龙江	Heilongjiang	27	1587	1131	591	1123
上　海	Shanghai	118	7796	6572	3599	5405
江　苏	Jiangsu	749	51126	38874	18605	39377
浙　江	Zhejiang	445	31961	25225	10900	25664
安　徽	Anhui	134	9120	6764	3483	7004
福　建	Fujian	169	12933	10851	5254	10210
江　西	Jiangxi	190	9580	7476	2296	7000
山　东	Shandong	200	14250	11625	5908	9816
河　南	Henan	132	8413	5925	3254	5906
湖　北	Hubei	133	9849	7406	3614	6950
湖　南	Hunan	168	9099	7181	3610	6570
广　东	Guangdong	1121	79304	63282	23808	60599
广　西	Guangxi	30	1376	991	430	821
海　南	Hainan	15	720	524	345	426
重　庆	Chongqing	128	8166	6423	2571	5554
四　川	Sichuan	178	11969	9368	5003	8023
贵　州	Guizhou	44	3364	2355	1334	2099
云　南	Yunnan	17	1139	784	500	799
西　藏	Tibet	2	84	39	45	35
陕　西	Shaanxi	71	6546	4996	2983	4732
甘　肃	Gansu	10	645	335	231	433
青　海	Qinghai	5	193	163	92	143
宁　夏	Ningxia	5	491	363	226	344
新　疆	Xinjiang	3	153	137	84	120

2-2-3 各地区国有及国有控股企业高技术产业R&D人员情况(2020年)

R&D Personnel in High-tech Industry of State-owned and State-controlled Enterprises by Region (2020)

地 区	Region	有R&D活动的企业数(个) Number of Enterprises Having R&D Activities (unit)	R&D人员(人) R&D Personnel (person)	#全时人员 Full-time Personnel	#研究人员 Researchers	R&D人员折合全时当量(人年) Full-time Equivalent (man-year)
全 国	**Total**	**1393**	**192784**	**151022**	**92433**	**143690**
东部地区	Eastern Region	742	92526	74009	45608	69085
中部地区	Middle Region	265	40903	33576	19359	31389
西部地区	Western Region	333	50041	36965	22892	35550
东北地区	Northeastern Region	53	9314	6472	4574	7667
北 京	Beijing	124	12445	9886	6610	10386
天 津	Tianjin	60	5145	4017	2681	3292
河 北	Hebei	39	2641	2036	1022	1876
山 西	Shanxi	14	1261	1027	586	866
内 蒙 古	Inner Mongolia	8	948	853	416	246
辽 宁	Liaoning	28	6628	4316	3338	5570
吉 林	Jilin	10	675	578	350	488
黑 龙 江	Heilongjiang	15	2011	1578	886	1609
上 海	Shanghai	75	9128	7875	4611	7148
江 苏	Jiangsu	147	12569	9609	6181	9253
浙 江	Zhejiang	39	9824	8340	5236	8564
安 徽	Anhui	56	6689	5046	2648	5066
福 建	Fujian	42	7631	6689	3697	4761
江 西	Jiangxi	32	4583	3590	1791	3568
山 东	Shandong	76	9888	8359	5038	8292
河 南	Henan	38	6713	5616	3297	6230
湖 北	Hubei	78	16397	14019	8362	11611
湖 南	Hunan	47	5260	4278	2675	4049
广 东	Guangdong	136	23065	17043	10430	15344
广 西	Guangxi	10	390	227	207	210
海 南	Hainan	4	190	155	102	169
重 庆	Chongqing	52	5122	3906	2343	3606
四 川	Sichuan	100	17004	12359	7342	12188
贵 州	Guizhou	45	6294	4831	2960	4791
云 南	Yunnan	18	1902	1399	954	1509
西 藏	Tibet	1	47	17	24	5
陕 西	Shaanxi	81	17275	12749	8176	12176
甘 肃	Gansu	10	871	464	375	703
青 海	Qinghai	3	41	37	20	4
宁 夏	Ningxia	2	21	11	6	11
新 疆	Xinjiang	3	126	112	69	101

2-2-4 按地区和登记注册类型分高技术产业R&D人员情况(2020年)
R&D Personnel in High-tech Industry by Region and Registration Status(2020)

地区	Region	内资企业 Domestic Funded				
		有R&D活动的企业数(个) Number of Enterprises Having R&D Activities (unit)	R&D人员(人) R&D Personnel (person)	#全时人员 Full-time Personnel	#研究人员 Researchers	R&D人员折合全时当量(人年) Full-time Equivalent (man-year)
全国	**Total**	**20194**	**993821**	**797138**	**368552**	**761368**
东部地区	Eastern Region	13227	673986	552567	248799	528953
中部地区	Middle Region	4306	183833	143353	63360	136412
西部地区	Western Region	2233	111771	82781	45203	77875
东北地区	Northeastern Region	428	24231	18437	11190	18128
北京	Beijing	421	23645	19178	11834	18931
天津	Tianjin	234	13833	11084	6638	10127
河北	Hebei	340	12627	10068	4383	8907
山西	Shanxi	94	5491	4364	1530	4035
内蒙古	Inner Mongolia	48	2086	1761	829	1123
辽宁	Liaoning	229	15817	11714	7527	11954
吉林	Jilin	103	3974	3256	1853	2842
黑龙江	Heilongjiang	96	4440	3467	1810	3333
上海	Shanghai	400	21216	18045	9959	15868
江苏	Jiangsu	3139	116717	92225	44352	90052
浙江	Zhejiang	2081	92880	72092	33166	74056
安徽	Anhui	963	36788	27508	13467	28856
福建	Fujian	610	37284	31724	15511	26290
江西	Jiangxi	973	39250	30233	9710	28989
山东	Shandong	948	49725	41280	20407	37425
河南	Henan	556	35760	28817	11887	26465
湖北	Hubei	761	39567	31242	16046	28109
湖南	Hunan	959	26977	21189	10720	19958
广东	Guangdong	5020	305032	256110	102081	246669
广西	Guangxi	111	2927	2174	1035	1863
海南	Hainan	34	1027	761	468	629
重庆	Chongqing	435	18583	14348	6826	13030
四川	Sichuan	839	40725	30605	16398	27866
贵州	Guizhou	195	10338	7725	4130	7370
云南	Yunnan	131	6043	4326	2166	4825
西藏	Tibet	4	123	51	61	62
陕西	Shaanxi	367	26372	18970	11841	18664
甘肃	Gansu	45	2143	1271	974	1446
青海	Qinghai	15	363	301	164	278
宁夏	Ningxia	29	1696	933	595	1111
新疆	Xinjiang	14	372	316	184	235

2-2-4　续表 1　continued

地　区	Region	#国有企业 State-owned Enterprises				
		有R&D活动的企业数（个）Number of Enterprises Having R&D Activities (unit)	R&D人员（人）R&D Personnel (person)	#全时人员 Full-time Personnel	#研究人员 Researchers	R&D人员折合全时当量（人年）Full-time Equivalent (man-year)
全　国	**Total**	**110**	**13758**	**10745**	**6902**	**10245**
东部地区	Eastern Region	53	4541	3320	2292	3079
中部地区	Middle Region	21	4146	3337	1977	3242
西部地区	Western Region	34	4681	3859	2420	3660
东北地区	Northeastern Region	2	390	229	213	264
北　京	Beijing	9	1313	554	734	1116
天　津	Tianjin	3	142	114	63	128
河　北	Hebei	1	334	301	190	62
山　西	Shanxi	2	265	238	120	86
内蒙古	Inner Mongolia	1	79	71	45	74
辽　宁	Liaoning	1	337	211	189	211
吉　林	Jilin					
黑龙江	Heilongjiang	1	53	18	24	53
上　海	Shanghai	4	47	32	24	39
江　苏	Jiangsu	18	1236	1068	615	737
浙　江	Zhejiang	1	49	44	27	42
安　徽	Anhui	3	131	115	68	108
福　建	Fujian					
江　西	Jiangxi	4	2212	1674	1043	1808
山　东	Shandong	7	192	147	40	145
河　南	Henan	2	451	406	251	415
湖　北	Hubei	7	849	758	377	653
湖　南	Hunan	3	238	146	118	172
广　东	Guangdong	9	1091	937	524	684
广　西	Guangxi	2	58	32	32	44
海　南	Hainan	1	137	123	75	126
重　庆	Chongqing	6	227	155	94	151
四　川	Sichuan	4	301	262	162	290
贵　州	Guizhou	6	560	379	244	379
云　南	Yunnan	1	88	55	38	30
西　藏	Tibet					
陕　西	Shaanxi	12	3321	2865	1778	2658
甘　肃	Gansu	2	47	40	27	35
青　海	Qinghai					
宁　夏	Ningxia					
新　疆	Xinjiang					

2-2-4 续表 2 continued

地区	Region	港澳台投资企业 Enterprises with Funds from Hong Kong, Macau and Taiwan				
		有R&D活动的企业数（个）Number of Enterprises Having R&D Activities (unit)	R&D人员（人）R&D Personnel (person)	#全时人员 Full-time Personnel	#研究人员 Researchers	R&D人员折合全时当量（人年）Full-time Equivalent (man-year)
全　国	**Total**	**1609**	**152290**	**122894**	**48819**	**120650**
东部地区	Eastern Region	1397	123883	98707	40746	98955
中部地区	Middle Region	125	21839	18973	5593	16592
西部地区	Western Region	65	5539	4436	2031	4326
东北地区	Northeastern Region	22	1029	778	449	777
北　京	Beijing	33	2701	2394	1316	2165
天　津	Tianjin	16	1179	1001	582	978
河　北	Hebei	9	531	360	221	433
山　西	Shanxi	2	93	81	38	35
内蒙古	Inner Mongolia	6	685	410	245	405
辽　宁	Liaoning	16	904	665	390	684
吉　林	Jilin	4	57	52	20	31
黑龙江	Heilongjiang	2	68	61	39	62
上　海	Shanghai	58	6311	5578	3034	5469
江　苏	Jiangsu	379	29624	23042	10233	22043
浙　江	Zhejiang	122	15520	12003	6601	13859
安　徽	Anhui	28	2657	2315	1293	2292
福　建	Fujian	90	8044	6347	3253	5152
江　西	Jiangxi	39	1647	1396	317	1147
山　东	Shandong	44	3361	2579	1484	2432
河　南	Henan	15	6244	5547	1519	4948
湖　北	Hubei	20	2159	1692	1038	1658
湖　南	Hunan	21	9039	7942	1388	6511
广　东	Guangdong	644	56537	45335	13984	46373
广　西	Guangxi	10	257	230	41	131
海　南	Hainan	2	75	68	38	52
重　庆	Chongqing	19	3054	2680	1084	2563
四　川	Sichuan	13	920	687	377	742
贵　州	Guizhou	4	39	29	9	19
云　南	Yunnan	7	279	209	115	238
西　藏	Tibet					
陕　西	Shaanxi	5	290	179	158	218
甘　肃	Gansu					
青　海	Qinghai					
宁　夏	Ningxia	1	15	12	2	12
新　疆	Xinjiang					

2-2-4 续表 3 continued

地区	Region	外商投资企业 Foreign Funded Enterprises				
		有R&D活动的企业数(个) Number of Enterprises Having R&D Activities (unit)	R&D人员(人) R&D Personnel (person)	#全时人员 Full-time Personnel	#研究人员 Researchers	R&D人员折合全时当量(人年) Full-time Equivalent (man-year)
全 国	**Total**	**1832**	**145367**	**112831**	**48174**	**108297**
东部地区	Eastern Region	1581	123380	94417	41664	91852
中部地区	Middle Region	123	11270	9438	2714	8216
西部地区	Western Region	101	9170	7689	3406	7158
东北地区	Northeastern Region	27	1547	1287	390	1070
北 京	Beijing	56	3114	2477	1403	2451
天 津	Tianjin	33	4374	3678	1862	1260
河 北	Hebei	21	1988	1749	1015	1580
山 西	Shanxi	5	3571	3179	427	2432
内 蒙 古	Inner Mongolia					
辽 宁	Liaoning	18	1453	1210	350	999
吉 林	Jilin	8	76	65	33	55
黑 龙 江	Heilongjiang	1	18	12	7	16
上 海	Shanghai	108	9296	7693	3766	5580
江 苏	Jiangsu	617	43946	33288	14302	35566
浙 江	Zhejiang	188	11491	9551	4708	9449
安 徽	Anhui	26	1424	1093	550	1117
福 建	Fujian	79	4908	4308	2095	3777
江 西	Jiangxi	36	2936	2329	825	2110
山 东	Shandong	75	7025	5393	3010	4741
河 南	Henan	12	669	588	203	537
湖 北	Hubei	30	1627	1427	487	1175
湖 南	Hunan	14	1043	822	222	845
广 东	Guangdong	402	37197	26243	9479	27438
广 西	Guangxi	6	955	851	345	632
海 南	Hainan	2	41	37	24	11
重 庆	Chongqing	31	2290	1800	878	1746
四 川	Sichuan	32	2946	2537	815	2173
贵 州	Guizhou	5	138	99	60	94
云 南	Yunnan	4	128	86	36	94
西 藏	Tibet					
陕 西	Shaanxi	14	2232	1928	1132	2123
甘 肃	Gansu					
青 海	Qinghai	2	62	37	25	15
宁 夏	Ningxia	3	148	115	39	103
新 疆	Xinjiang	4	271	236	76	178

2-2-5 按地区和行业分高技术产业R&D人员情况(2020年)
R&D Personnel in High-tech Industry by Region and Industrial Sector(2020)

地区	Region	医药制造业 Medical and Pharmaceutical Products Manufacturing				
		有R&D活动的企业数(个) Number of Enterprises Having R&D Activities (unit)	R&D人员(人) R&D Personnel (person)	#全时人员 Full-time Personnel	#研究人员 Researchers	R&D人员折合全时当量(人年) Full-time Equivalent (man-year)
全　国	**Total**	**4803**	**185324**	**141601**	**77136**	**134291**
东部地区	Eastern Region	2365	108861	86017	48228	81126
中部地区	Middle Region	1406	42401	30913	14758	30084
西部地区	Western Region	818	26732	18937	10952	17901
东北地区	Northeastern Region	214	7330	5734	3198	5180
北　京	Beijing	140	6567	5384	3154	5148
天　津	Tianjin	71	5131	4081	2666	3931
河　北	Hebei	146	4911	3702	1761	3309
山　西	Shanxi	48	2048	1456	585	1391
内蒙古	Inner Mongolia	28	1295	906	502	858
辽　宁	Liaoning	71	2733	2072	1164	1942
吉　林	Jilin	86	3161	2571	1430	2304
黑龙江	Heilongjiang	57	1436	1091	604	934
上　海	Shanghai	134	5604	4591	2696	3915
江　苏	Jiangsu	542	25243	20269	11878	18965
浙　江	Zhejiang	405	19241	14833	7878	15444
安　徽	Anhui	308	7488	5310	2569	5665
福　建	Fujian	134	3299	2589	1457	2424
江　西	Jiangxi	275	6577	5187	2260	4904
山　东	Shandong	400	22981	18320	9832	16684
河　南	Henan	221	9256	6400	3319	6053
湖　北	Hubei	279	10700	7891	3537	7386
湖　南	Hunan	275	6332	4669	2488	4686
广　东	Guangdong	356	14878	11505	6451	10742
广　西	Guangxi	50	1052	689	461	585
海　南	Hainan	37	1006	743	455	566
重　庆	Chongqing	102	4131	3202	1927	2852
四　川	Sichuan	281	9868	7224	4043	6450
贵　州	Guizhou	85	2799	1907	873	1763
云　南	Yunnan	86	2259	1462	871	1677
西　藏	Tibet	4	123	51	61	62
陕　西	Shaanxi	106	2696	1815	1139	2021
甘　肃	Gansu	37	1347	879	622	942
青　海	Qinghai	11	190	168	86	120
宁　夏	Ningxia	16	611	317	189	342
新　疆	Xinjiang	12	361	317	178	230

2-2-5 续表 1 continued

地区	Region	电子及通信设备制造业 Manufacture of Electronic Equipment and Communication Equipment				
		有R&D活动的企业数（个） Number of Enterprises Having R&D Activities (unit)	R&D人员（人） R&D Personnel (person)	#全时人员 Full-time Personnel	#研究人员 Researchers	R&D人员折合全时当量（人年） Full-time Equivalent (man-year)
全　国	**Total**	**12197**	**797434**	**644649**	**265497**	**623993**
东部地区	Eastern Region	8995	603172	489769	203034	481405
中部地区	Middle Region	2176	132991	107519	39416	98643
西部地区	Western Region	915	53823	41182	19888	39126
东北地区	Northeastern Region	111	7448	6179	3159	4820
北　京	Beijing	139	11724	10071	5866	9753
天　津	Tianjin	110	6878	5572	3168	4874
河　北	Hebei	115	7154	5987	2666	5593
山　西	Shanxi	29	6022	5240	911	4232
内蒙古	Inner Mongolia	21	1303	1109	479	526
辽　宁	Liaoning	90	6578	5420	2800	4269
吉　林	Jilin	14	597	514	288	456
黑龙江	Heilongjiang	7	273	245	71	95
上　海	Shanghai	206	18760	16019	7858	13417
江　苏	Jiangsu	2180	110262	84718	37824	84755
浙　江	Zhejiang	1209	70286	55662	26151	57705
安　徽	Anhui	519	26144	19831	9788	20907
福　建	Fujian	473	34362	28758	13593	25397
江　西	Jiangxi	598	30342	23523	6399	21883
山　东	Shandong	337	20858	17006	7996	15532
河　南	Henan	173	22218	19126	5189	16733
湖　北	Hubei	340	24184	19734	10321	17195
湖　南	Hunan	517	24081	20065	6808	17693
广　东	Guangdong	4225	322751	265853	97837	264253
广　西	Guangxi	48	2402	1997	786	1642
海　南	Hainan	1	137	123	75	126
重　庆	Chongqing	175	9182	7007	3259	6557
四　川	Sichuan	402	24114	18905	8542	17400
贵　州	Guizhou	71	2476	1930	901	1516
云　南	Yunnan	31	2313	1738	582	1975
西　藏	Tibet					
陕　西	Shaanxi	140	9924	7287	4542	8075
甘　肃	Gansu	4	729	335	326	446
青　海	Qinghai	5	195	145	91	145
宁　夏	Ningxia	13	907	498	300	665
新　疆	Xinjiang	5	278	231	80	180

2-2-5 续表 2 continued

地　区	Region	计算机及办公设备制造业 Manufacture of Computer and Office Equipments				
		有R&D活动的企业数（个）Number of Enterprises Having R&D Activities (unit)	R&D人员（人）R&D Personnel (person)	#全时人员 Full-time Personnel	#研究人员 Researchers	R&D人员折合全时当量（人年）Full-time Equivalent (man-year)
全　国	**Total**	**1380**	**90674**	**74768**	**31708**	**67399**
东部地区	Eastern Region	1074	72318	59919	24997	53289
中部地区	Middle Region	130	8047	6514	3236	6222
西部地区	Western Region	165	9726	7917	3266	7435
东北地区	Northeastern Region	11	583	418	209	453
北　京	Beijing	24	2081	1616	1104	1616
天　津	Tianjin	16	3732	3354	1539	992
河　北	Hebei	7	193	143	83	143
山　西	Shanxi	2	64	55	25	51
内蒙古	Inner Mongolia					
辽　宁	Liaoning	8	506	349	166	404
吉　林	Jilin	1	4	4	2	1
黑龙江	Heilongjiang	2	73	65	41	49
上　海	Shanghai	21	2492	1945	1155	2394
江　苏	Jiangsu	200	17346	14095	4213	14502
浙　江	Zhejiang	91	4352	3637	1410	3670
安　徽	Anhui	32	3917	3108	1652	3169
福　建	Fujian	58	8879	7901	4393	4989
江　西	Jiangxi	33	1359	1117	259	958
山　东	Shandong	34	4846	4327	2332	3905
河　南	Henan	13	362	301	130	179
湖　北	Hubei	15	926	771	487	795
湖　南	Hunan	35	1419	1162	683	1069
广　东	Guangdong	623	28397	22901	8768	21078
广　西	Guangxi	7	283	244	69	186
海　南	Hainan					
重　庆	Chongqing	111	6796	5605	1940	5292
四　川	Sichuan	37	1568	1262	679	1054
贵　州	Guizhou	1	16	14	9	12
云　南	Yunnan	4	968	708	517	812
西　藏	Tibet					
陕　西	Shaanxi	5	95	84	52	79
甘　肃	Gansu					
青　海	Qinghai					
宁　夏	Ningxia					
新　疆	Xinjiang					

2-2-5 续表 3 continued

地 区	Region	医疗仪器设备及仪器仪表制造业 Manufacture of Medical Equipments and Measuring Instrument				
		有R&D活动的企业数（个） Number of Enterprises Having R&D Activities (unit)	R&D人员（人） R&D Personnel (person)	#全时人员 Full-time Personnel	#研究人员 Researchers	R&D人员折合全时当量（人年） Full-time Equivalent (man-year)
全 国	**Total**	**4721**	**160064**	**128022**	**63533**	**121011**
东部地区	Eastern Region	3565	122307	98403	47795	92995
中部地区	Middle Region	702	20490	16012	7987	15205
西部地区	Western Region	346	13556	10725	6094	9742
东北地区	Northeastern Region	108	3711	2882	1657	3069
北 京	Beijing	176	5454	4468	2473	3869
天 津	Tianjin	75	2667	2026	1215	1802
河 北	Hebei	87	2171	1788	804	1537
山 西	Shanxi	18	370	297	152	244
内 蒙 古	Inner Mongolia	3	52	47	25	41
辽 宁	Liaoning	75	2540	1887	1157	2091
吉 林	Jilin	13	188	143	97	133
黑 龙 江	Heilongjiang	20	983	852	403	844
上 海	Shanghai	188	6265	5429	3036	4418
江 苏	Jiangsu	1146	35630	28065	14243	28137
浙 江	Zhejiang	663	25244	18916	8739	19943
安 徽	Anhui	140	2657	2119	1011	1912
福 建	Fujian	111	3565	3013	1394	2334
江 西	Jiangxi	113	3364	2195	850	2607
山 东	Shandong	280	10903	9160	4511	8133
河 南	Henan	152	6796	5529	2936	5163
湖 北	Hubei	136	3691	2932	1532	2589
湖 南	Hunan	143	3612	2940	1506	2690
广 东	Guangdong	839	30408	25538	11380	22823
广 西	Guangxi	22	402	325	105	214
海 南	Hainan					
重 庆	Chongqing	91	3504	2763	1503	2358
四 川	Sichuan	117	3635	2857	1593	2452
贵 州	Guizhou	11	183	128	60	110
云 南	Yunnan	20	881	687	346	665
西 藏	Tibet					
陕 西	Shaanxi	72	4447	3587	2275	3594
甘 肃	Gansu	4	67	57	26	58
青 海	Qinghai	1	40	25	12	28
宁 夏	Ningxia	4	341	245	147	221
新 疆	Xinjiang	1	4	4	2	3

2-2-5 续表 4 continued

地 区	Region	信息化学品制造业 Manufacture of Electronic Chemicals 有R&D活动的企业数（个）Number of Enterprises Having R&D Activities (unit)	R&D人员（人）R&D Personnel (person)	#全时人员 Full-time Personnel	#研究人员 Researchers	R&D人员折合全时当量（人年）Full-time Equivalent (man-year)
全 国	**Total**	**109**	**3291**	**2438**	**1315**	**2372**
东部地区	Eastern Region	56	1778	1270	663	1289
中部地区	Middle Region	43	1298	998	548	917
西部地区	Western Region	8	189	154	89	141
东北地区	Northeastern Region	2	26	16	15	26
北 京	Beijing					
天 津	Tianjin					
河 北	Hebei	6	261	162	93	167
山 西	Shanxi					
内 蒙 古	Inner Mongolia					
辽 宁	Liaoning	2	26	16	15	26
吉 林	Jilin					
黑 龙 江	Heilongjiang					
上 海	Shanghai					
江 苏	Jiangsu	23	767	553	299	560
浙 江	Zhejiang	11	314	242	101	238
安 徽	Anhui	5	43	27	20	35
福 建	Fujian	1	16	14	9	13
江 西	Jiangxi	6	91	74	34	62
山 东	Shandong	8	157	122	56	92
河 南	Henan	9	566	484	268	477
湖 北	Hubei	21	579	402	217	326
湖 南	Hunan	2	19	11	9	16
广 东	Guangdong	7	263	177	105	218
广 西	Guangxi					
海 南	Hainan					
重 庆	Chongqing	1	8	5	2	6
四 川	Sichuan	2	44	37	25	38
贵 州	Guizhou	1	15	10	1	13
云 南	Yunnan					
西 藏	Tibet					
陕 西	Shaanxi	4	122	102	61	85
甘 肃	Gansu					
青 海	Qinghai					
宁 夏	Ningxia					
新 疆	Xinjiang					

2-3-1 各地区高技术产业R&D经费情况(2020年)
R&D Expenditure in High-tech Industry by Region(2020)

单位：万元 (10000 yuan)

地区	Region	R&D经费内部支出 Intramural Expenditure on R&D	#人员劳务费 Labor Cost	#仪器和设备 Equipment	#政府资金 Government Funds	#企业资金 Self-raised Funds by Enterprises	R&D经费外部支出 External Expenditure on R&D
全 国	**Total**	**46490941**	**18329105**	**3898919**	**2642867**	**43598141**	**5631565**
东部地区	Eastern Region	34316037	14595480	2729469	1264420	32897240	4605694
中部地区	Middle Region	7034489	2142932	726720	676606	6290812	511296
西部地区	Western Region	4405308	1347416	385497	540232	3836963	373120
东北地区	Northeaastern Region	735108	243277	57233	161608	573127	141455
北 京	Beijing	1579747	641140	95775	160569	1394208	300805
天 津	Tianjin	661557	260272	59390	27581	596844	103938
河 北	Hebei	585337	168956	161700	13650	569385	88444
山 西	Shanxi	161270	66607	12105	3708	157481	17397
内蒙古	Inner Mongolia	74988	18186	11212	2491	72394	3898
辽 宁	Liaoning	506433	182139	25401	121534	384657	79352
吉 林	Jilin	124148	28812	20308	6723	117340	45201
黑龙江	Heilongjiang	104527	32326	11524	33351	71129	16902
上 海	Shanghai	2135321	871052	177892	330732	1777776	253679
江 苏	Jiangsu	7429309	2620047	624576	91271	7309031	485977
浙 江	Zhejiang	3683426	1639465	250250	59285	3614376	282968
安 徽	Anhui	1532445	539321	122348	45080	1454021	130349
福 建	Fujian	2006348	900122	190964	89744	1912982	89103
江 西	Jiangxi	1130453	271869	121133	26387	1104066	70527
山 东	Shandong	2307305	793527	141404	70559	2234073	334481
河 南	Henan	1084962	416462	106346	27074	1027765	41200
湖 北	Hubei	1912976	472496	326721	389024	1522286	188144
湖 南	Hunan	1212382	376178	38068	185333	1025193	63679
广 东	Guangdong	13881900	6687550	1024881	420460	13443957	2640836
广 西	Guangxi	82978	25760	3685	2465	80513	9405
海 南	Hainan	45788	13348	2637	570	44608	25464
重 庆	Chongqing	863596	261209	103004	24433	838295	40385
四 川	Sichuan	1633490	549104	147470	161311	1464787	129251
贵 州	Guizhou	329752	78486	20473	103538	221252	20508
云 南	Yunnan	166646	44273	9270	6673	159749	8554
西 藏	Tibet	4626	2527	98	97	4529	1193
陕 西	Shaanxi	1023769	315232	64677	233658	788570	142395
甘 肃	Gansu	100039	35488	16435	766	86348	12067
青 海	Qinghai	13708	3106	1916	633	12978	2708
宁 夏	Ningxia	85474	8780	6698	3648	81826	907
新 疆	Xinjiang	26243	5266	558	520	25723	1849

2-3-2 按地区和企业规模分高技术产业R&D经费情况(2020年)

R&D Expenditure in High-tech Industry by Region and Industrial Sector(2020)

单位：万元 (10000 yuan)

地区	Region	大型企业 Large-sized Enterprises					
		R&D经费内部支出 Intramural Expenditure on R&D	#人员劳务费 Labor Cost	#仪器和设备 Equipment	#政府资金 Government Funds	#企业资金 Self-raised Funds by Enterprises	R&D经费外部支出 External Expenditure on R&D
全　国	**Total**	**27539314**	**11547505**	**2317760**	**1983717**	**25390730**	**3871023**
东部地区	Eastern Region	20843474	9395734	1622763	845579	19906152	3354061
中部地区	Middle Region	3921954	1286316	470825	588595	3281199	245409
西部地区	Western Region	2364401	727585	207091	413023	1930415	194387
东北地区	Northeaastern Region	409484	137870	17082	136520	272964	77166
北　京	Beijing	749676	279422	42056	79202	666408	86456
天　津	Tianjin	299610	121352	29560	7080	255772	85554
河　北	Hebei	206363	100372	3421	6864	197427	67616
山　西	Shanxi	103937	51393	7907	997	102937	5140
内蒙古	Inner Mongolia	28559	8253	710	27	28532	592
辽　宁	Liaoning	315453	113687	9237	104068	211385	57218
吉　林	Jilin	42832	12527	1033	1111	41721	11693
黑龙江	Heilongjiang	51198	11657	6812	31341	19857	8256
上　海	Shanghai	1335581	551133	82148	289445	1023279	208636
江　苏	Jiangsu	3987622	1298306	367443	39061	3942386	203315
浙　江	Zhejiang	1921849	948815	123636	18183	1896528	131527
安　徽	Anhui	830966	320788	58245	14395	789939	63159
福　建	Fujian	1203823	553582	123811	63995	1137279	28120
江　西	Jiangxi	557812	155131	47244	9737	548075	37070
山　东	Shandong	1337051	478644	79180	42166	1294886	219325
河　南	Henan	626279	281664	54128	16066	585809	15777
湖　北	Hubei	1343605	322699	289952	378180	964305	102468
湖　南	Hunan	459356	154641	13348	169221	290134	21794
广　东	Guangdong	9800642	5063883	771452	299582	9490929	2323299
广　西	Guangxi	29562	13222	672	697	28865	3066
海　南	Hainan	1259	226	56		1259	213
重　庆	Chongqing	459638	133636	64506	14396	444732	25505
四　川	Sichuan	767423	281420	77612	84434	680254	61708
贵　州	Guizhou	193275	43197	5814	84288	104236	12083
云　南	Yunnan	76918	19981	1600	4613	72305	2996
西　藏	Tibet						
陕　西	Shaanxi	668177	193372	40587	223474	444525	75789
甘　肃	Gansu	71644	28712	13621	40	58814	10487
青　海	Qinghai	1200	126		194	1006	
宁　夏	Ningxia	54511	2729	1754	799	53712	564
新　疆	Xinjiang	13498	2938	216	63	13435	1598

2-3-2 续表 continued

单位：万元 (10000 yuan)

地区	Region	中型企业 Medium-sized Enterprises R&D经费内部支出 Intramural Expenditure on R&D	#人员劳务费 Labor Cost	#仪器和设备 Equipment	#政府资金 Government Funds	#企业资金 Self-raised Funds by Enterprises	R&D经费外部支出 External Expenditure on R&D
全　国	**Total**	**9746564**	**3534893**	**902511**	**370293**	**9325806**	**1049313**
东部地区	Eastern Region	7101124	2732729	668349	256042	6804557	775582
中部地区	Middle Region	1346993	405596	123745	40022	1299810	118770
西部地区	Western Region	1125078	343105	84279	55513	1066834	116310
东北地区	Northeaastern Region	173368	53463	26139	18716	154606	38650
北　京	Beijing	474545	200583	38101	62127	394859	181482
天　津	Tianjin	189459	67280	17270	18295	171164	9527
河　北	Hebei	278686	35696	149245	2617	276069	9754
山　西	Shanxi	36152	8493	2832	1877	34275	11021
内蒙古	Inner Mongolia	25554	4036	9619	556	24944	1497
辽　宁	Liaoning	84282	30670	5688	14337	69946	8513
吉　林	Jilin	58612	11035	17701	3939	54673	26285
黑龙江	Heilongjiang	30474	11758	2749	440	29987	3852
上　海	Shanghai	424603	173035	30356	29797	393457	24994
江　苏	Jiangsu	1667314	641999	133462	21854	1630709	138046
浙　江	Zhejiang	937207	355173	81603	18667	917389	86421
安　徽	Anhui	277413	95015	30192	15960	255744	43925
福　建	Fujian	435431	206150	38144	18765	416487	36704
江　西	Jiangxi	221776	54189	31491	5779	215997	12587
山　东	Shandong	540249	177530	37103	14570	525000	66490
河　南	Henan	244718	73796	25546	6629	238089	16254
湖　北	Hubei	265717	70766	20933	3124	262253	20655
湖　南	Hunan	301218	103338	12752	6653	293453	14328
广　东	Guangdong	2117842	865253	141823	68995	2044600	204747
广　西	Guangxi	21625	7248	1017	904	20721	2069
海　南	Hainan	35789	10031	1243	355	34824	17417
重　庆	Chongqing	238007	75775	25435	6740	231259	8827
四　川	Sichuan	457954	143415	21687	19464	436618	33750
贵　州	Guizhou	94178	23177	9057	18349	75829	4541
云　南	Yunnan	29302	9815	2693	977	28326	1064
西　藏	Tibet	3935	2180	98	97	3838	1025
陕　西	Shaanxi	206480	67465	10526	5875	199942	60168
甘　肃	Gansu	15340	2900	1342	126	15080	580
青　海	Qinghai	10086	2342	1849	400	9686	2593
宁　夏	Ningxia	14729	3268	710	2006	12723	184
新　疆	Xinjiang	7888	1485	246	20	7868	12

2-3-3 各地区国有及国有控股企业高技术产业R&D经费情况(2020年)
R&D Expenditure in High-tech Industry of State-owned and State-controlled Enterprises by Region (2020)

单位: 万元 (10000 yuan)

地区	Region	R&D经费内部支出 Intramural Expenditure on R&D	#人员劳务费 Labor Cost	#仪器和设备 Equipment	#政府资金 Government Funds	#企业资金 Self-raised Funds by Enterprises	R&D经费外部支出 External Expenditure on R&D
全国	**Total**	**8567861**	**3205587**	**718955**	**1676113**	**6867832**	**1152563**
东部地区	Eastern Region	4685136	2019281	268657	540444	4139043	744278
中部地区	Middle Region	1929660	588259	305321	518775	1403935	170416
西部地区	Western Region	1709969	539902	131060	487106	1211716	204255
东北地区	Northeaastern Region	243097	58145	13917	129788	113138	33615
北京	Beijing	742690	290486	40557	128911	613200	240033
天津	Tianjin	200063	82082	13818	22688	177375	23993
河北	Hebei	86265	30158	12122	6182	78012	13050
山西	Shanxi	27088	7873	3418	2331	24678	917
内蒙古	Inner Mongolia	22644	6115	238	1612	21032	676
辽宁	Liaoning	162126	39935	6232	97043	64912	24049
吉林	Jilin	28752	6051	1371	1572	27179	5942
黑龙江	Heilongjiang	52219	12159	6315	31173	21047	3624
上海	Shanghai	628240	246892	48015	207325	418609	208843
江苏	Jiangsu	632832	199877	68425	25265	607567	39710
浙江	Zhejiang	417770	272986	5231	3177	414593	19896
安徽	Anhui	248860	98109	15137	12154	234532	13323
福建	Fujian	329908	150827	15499	35371	294537	27371
江西	Jiangxi	128667	30383	11691	10965	117702	16080
山东	Shandong	548067	211096	26033	28174	519866	68572
河南	Henan	213322	86665	9602	16106	194891	9925
湖北	Hubei	1005310	271741	260017	309444	694606	111114
湖南	Hunan	306414	93487	5456	167775	137527	19056
广东	Guangdong	1092555	531067	38899	83351	1008882	101163
广西	Guangxi	7653	3079	137	679	6974	287
海南	Hainan	6745	3810	58		6402	1648
重庆	Chongqing	196758	71011	17972	15654	180507	6802
四川	Sichuan	668986	224659	66152	133894	529785	43968
贵州	Guizhou	225463	54062	12694	101669	119044	11095
云南	Yunnan	38714	19988	471	4464	34250	2019
西藏	Tibet	681	505		18	663	50
陕西	Shaanxi	512440	150696	30955	228851	283231	128540
甘肃	Gansu	28775	8422	2160	170	28470	10818
青海	Qinghai	375	69	42		375	
宁夏	Ningxia	664	52		94	570	
新疆	Xinjiang	6817	1246	239	1	6816	

2-3-4　按地区和登记注册类型分高技术产业R&D经费情况(2020年)

R&D Expenditure in High-tech Industry by Region and Registration Status(2020)

单位：万元 (10000 yuan)

地　区	Region	内资企业 Domestic Funded					
		R&D经费内部支出 Intramural Expenditure on R&D	#人员劳务费 Labor Cost	#仪器和设备 Equipment	#政府资金 Government Funds	#企业资金 Self-raised Funds by Enterprises	R&D经费外部支出 External Expenditure on R&D
全　国	**Total**	**35660805**	**14199023**	**3006252**	**2372199**	**33192467**	**4810048**
东部地区	Eastern Region	25041295	11021932	1951626	1019402	23990394	3912463
中部地区	Middle Region	6149574	1839778	645184	664361	5448048	430858
西部地区	Western Region	3883830	1155437	356202	536039	3320689	360048
东北地区	Northeaastern Region	586106	181877	53241	152397	433336	106678
北　京	Beijing	1187345	492930	68367	143848	1036486	288009
天　津	Tianjin	430757	172201	33932	26344	404389	26890
河　北	Hebei	479154	125697	161151	12757	464096	42706
山　西	Shanxi	102658	34839	8507	3627	98949	12727
内 蒙 古	Inner Mongolia	63072	14875	10576	2491	60478	3898
辽　宁	Liaoning	362012	122588	21452	112346	249424	48076
吉　林	Jilin	120988	27698	20264	6700	114203	41719
黑 龙 江	Heilongjiang	103105	31591	11524	33351	69708	16884
上　海	Shanghai	1215446	484345	82151	252354	960595	226890
江　苏	Jiangsu	4489771	1545458	359878	58652	4424823	267076
浙　江	Zhejiang	2563988	1123274	185316	42197	2516050	189873
安　徽	Anhui	1303866	449746	88640	41419	1258085	98254
福　建	Fujian	1369887	603572	124677	78128	1289617	72812
江　西	Jiangxi	1007237	244391	99862	23088	984148	65578
山　东	Shandong	1880724	634480	115859	60792	1818888	283969
河　南	Henan	932747	342025	95864	25310	878090	38862
湖　北	Hubei	1731484	448110	317783	388015	1341953	155689
湖　南	Hunan	1071582	320668	34528	182902	886823	59749
广　东	Guangdong	11387350	5827566	818168	343915	11039604	2497807
广　西	Guangxi	61790	14730	3563	2310	59480	8877
海　南	Hainan	36874	12410	2126	417	35847	16429
重　庆	Chongqing	701360	210555	87121	22299	678194	39751
四　川	Sichuan	1538705	498785	142559	160871	1370910	119205
贵　州	Guizhou	325272	77168	20224	103373	216995	19582
云　南	Yunnan	149487	39156	8049	6519	142744	8296
西　藏	Tibet	4626	2527	98	97	4529	1193
陕　西	Shaanxi	837010	248213	61880	232978	602975	141715
甘　肃	Gansu	100039	35488	16435	766	86348	12067
青　海	Qinghai	10095	2657	1916	370	9628	2708
宁　夏	Ningxia	78352	7788	3249	3449	74903	907
新　疆	Xinjiang	14023	3496	533	518	13506	1849

2-3-4 续表 1 continued

单位：万元 (10000 yuan)

地　区	Region	#国有企业 State-owned Enterprises					
		R&D经费内部支出 Intramural Expenditure on R&D	#人员劳务费 Labor Cost	#仪器和设备 Equipment	#政府资金 Government Funds	#企业资金 Self-raised Funds by Enterprises	R&D经费外部支出 External Expenditure on R&D
全　国	**Total**	**359653**	**121946**	**24744**	**46457**	**309580**	**95341**
东部地区	Eastern Region	125545	48953	6744	12149	110955	73248
中部地区	Middle Region	111439	26203	12775	9085	101180	12998
西部地区	Western Region	112746	39032	3855	25192	87554	7715
东北地区	Northeaastern Region	9924	7758	1371	32	9892	1380
北　京	Beijing	17419	6519	447	7198	10221	9497
天　津	Tianjin	6726	1765	776	38	6688	49
河　北	Hebei	8284	3658	461		6213	17
山　西	Shanxi	2041	145	55	1362	679	86
内 蒙 古	Inner Mongolia	3005	1275			3005	217
辽　宁	Liaoning	9814	7670	1371		9814	1380
吉　林	Jilin						
黑 龙 江	Heilongjiang	110	87		32	78	
上　海	Shanghai	3028	1125	17	1686	1342	7
江　苏	Jiangsu	47504	18065	3307	3077	44427	2360
浙　江	Zhejiang	1217	516	152	86	1130	5
安　徽	Anhui	4806	1363	589	602	4205	
福　建	Fujian						
江　西	Jiangxi	63836	10558	8928	6268	57568	12289
山　东	Shandong	3584	1238	317	59	3497	111
河　南	Henan	11021	2533	2394	599	10421	
湖　北	Hubei	26552	10448	809	253	25124	95
湖　南	Hunan	3183	1158			3183	528
广　东	Guangdong	32246	12782	1209	5	32240	61193
广　西	Guangxi	1051	701		38	1014	16
海　南	Hainan	5539	3285	58		5196	8
重　庆	Chongqing	4117	2556	489	83	4033	
四　川	Sichuan	11713	5635	139	4024	7689	2943
贵　州	Guizhou	13205	4337	1134	1717	11488	27
云　南	Yunnan	3279	1106			3279	143
西　藏	Tibet						
陕　西	Shaanxi	73434	22595	1582	19314	54119	3793
甘　肃	Gansu	2943	828	510	15	2927	578
青　海	Qinghai						
宁　夏	Ningxia						
新　疆	Xinjiang						

2-3-4 续表 2 continued

单位：万元 (10000 yuan)

地区	Region	港澳台投资企业 Enterprises with Funds from Hong Kong, Macau and Taiwan					
		R&D经费内部支出 Intramural Expenditure on R&D	#人员劳务费 Labor Cost	#仪器和设备 Equipment	#政府资金 Government Funds	#企业资金 Self-raised Funds by Enterprises	R&D经费外部支出 External Expenditure on R&D
全　国	**Total**	**5284079**	**1989902**	**379489**	**104021**	**5135851**	**328504**
东部地区	Eastern Region	4519265	1725317	315415	95208	4407044	275090
中部地区	Middle Region	605628	204665	58409	6147	572389	42647
西部地区	Western Region	128011	49588	4678	1728	126181	9128
东北地区	Northeaastern Region	31175	10332	988	937	30238	1639
北　京	Beijing	193049	70278	9109	5224	187824	6960
天　津	Tianjin	42666	22095	1909	309	34484	1500
河　北	Hebei	61963	14810	26	256	61707	40151
山　西	Shanxi	1858	763		50	1809	4670
内蒙古	Inner Mongolia	11916	3311	636		11916	
辽　宁	Liaoning	28694	9464	987	937	27757	1570
吉　林	Jilin	1718	401	1		1718	51
黑龙江	Heilongjiang	763	468			763	18
上　海	Shanghai	353817	152553	21347	14362	337577	6754
江　苏	Jiangsu	1204246	399034	100266	28192	1172705	69733
浙　江	Zhejiang	638047	319838	29182	7647	629951	49329
安　徽	Anhui	163622	66892	29181	2021	134557	25781
福　建	Fujian	426512	179370	56535	9671	415592	6298
江　西	Jiangxi	42258	5526	14361	308	41950	328
山　东	Shandong	135790	44703	4222	2074	133605	31148
河　南	Henan	131037	66656	7008	1487	129550	1216
湖　北	Hubei	147369	17300	5669	410	146912	7865
湖　南	Hunan	119485	47528	2190	1872	117613	2787
广　东	Guangdong	1455351	521971	92323	27472	1425775	54234
广　西	Guangxi	6299	2547	77	15	6285	
海　南	Hainan	7824	664	496		7824	8983
重　庆	Chongqing	52704	25128	720	688	52016	70
四　川	Sichuan	27074	10367	722	278	26753	8814
贵　州	Guizhou	674	265	30	25	590	
云　南	Yunnan	13050	3724	703	154	12895	245
西　藏	Tibet						
陕　西	Shaanxi	15307	4109	1377	569	14739	
甘　肃	Gansu						
青　海	Qinghai						
宁　夏	Ningxia	987	137	413		987	
新　疆	Xinjiang						

2-3-4 续表 3 continued

单位：万元 (10000 yuan)

地区	Region	外商投资企业 Foreign Funded Enterprises					
		R&D经费内部支出 Intramural Expenditure on R&D	#人员劳务费 Labor Cost	#仪器和设备 Equipment	#政府资金 Government Funds	#企业资金 Self-raised Funds by Enterprises	R&D经费外部支出 External Expenditure on R&D
全　国	**Total**	**5546057**	**2140180**	**513177**	**166648**	**5269823**	**493013**
东部地区	Eastern Region	4755477	1848230	462429	149810	4499802	418142
中部地区	Middle Region	279286	98490	23128	6098	270375	37790
西部地区	Western Region	393466	142391	24617	2465	390093	3944
东北地区	Northeaastern Region	117828	51069	3004	8274	109553	33137
北　京	Beijing	199353	77933	18299	11497	169897	5836
天　津	Tianjin	188134	65976	23549	928	157971	75548
河　北	Hebei	44220	28449	523	638	43582	5587
山　西	Shanxi	56754	31005	3598	31	56723	
内蒙古	Inner Mongolia						
辽　宁	Liaoning	115727	50088	2962	8251	107476	29706
吉　林	Jilin	1442	713	42	23	1419	3431
黑龙江	Heilongjiang	659	268			659	
上　海	Shanghai	566059	234154	74394	64016	479604	20036
江　苏	Jiangsu	1735292	675555	164432	4427	1711503	149167
浙　江	Zhejiang	481391	196354	35752	9441	468375	43766
安　徽	Anhui	64956	22683	4527	1641	61380	6314
福　建	Fujian	209948	117179	9751	1945	207773	9993
江　西	Jiangxi	80959	21952	6910	2991	77968	4621
山　东	Shandong	290791	114344	21323	7693	281581	19363
河　南	Henan	21179	7782	3474	277	20125	1122
湖　北	Hubei	34123	7086	3269	599	33422	24590
湖　南	Hunan	21315	7982	1350	558	20757	1143
广　东	Guangdong	1039199	338013	114391	49073	978578	88794
广　西	Guangxi	14888	8483	46	140	14748	529
海　南	Hainan	1090	274	15	153	937	53
重　庆	Chongqing	109531	25526	15163	1446	108085	564
四　川	Sichuan	67711	39952	4189	162	67123	1232
贵　州	Guizhou	3807	1053	219	140	3667	926
云　南	Yunnan	4110	1393	518		4110	14
西　藏	Tibet						
陕　西	Shaanxi	171452	62911	1421	112	170857	680
甘　肃	Gansu						
青　海	Qinghai	3613	449		263	3350	
宁　夏	Ningxia	6135	855	3036	199	5936	
新　疆	Xinjiang	12220	1770	25	3	12217	

2-3-5 按地区和行业分高技术产业R&D经费情况(2020年)
R&D Expenditure in High-tech Industry by Region and Industrial Sector(2020)

单位：万元 (10000 yuan)

地区	Region	医药制造业 Medical and Pharmaceutical Products Manufacturing					
		R&D经费内部支出 Intramural Expenditure on R&D	#人员劳务费 Labor Cost	#仪器和设备 Equipment	#政府资金 Government Funds	#企业资金 Self-raised Funds by Enterprises	R&D经费外部支出 External Expenditure on R&D
全　国	**Total**	**7845971**	**2053147**	**604871**	**196865**	**7609088**	**1219076**
东部地区	Eastern Region	5300204	1458792	404976	128106	5135398	826906
中部地区	Middle Region	1395020	303752	105896	31611	1360552	181650
西部地区	Western Region	947986	231684	78040	30428	917142	132173
东北地区	Northeaastern Region	202761	58920	15959	6720	195996	78347
北　京	Beijing	384966	129813	25240	20922	362939	50990
天　津	Tianjin	160943	62012	17270	3365	157578	19048
河　北	Hebei	186186	58826	9824	5947	180234	78186
山　西	Shanxi	43337	12856	4408	859	42475	17054
内蒙古	Inner Mongolia	39486	8662	10597	437	38946	3253
辽　宁	Liaoning	97088	29084	9189	2486	94602	21663
吉　林	Jilin	77222	20298	5210	3323	73899	44907
黑龙江	Heilongjiang	28452	9538	1561	911	27495	11778
上　海	Shanghai	406840	138652	27130	7134	383983	22142
江　苏	Jiangsu	1722345	370737	114540	18197	1693207	199537
浙　江	Zhejiang	655908	199157	72352	13261	636595	105283
安　徽	Anhui	263266	60128	27308	12940	248396	28677
福　建	Fujian	128009	42026	10650	5780	121825	36206
江　西	Jiangxi	186319	42139	15951	3042	183277	40859
山　东	Shandong	1027460	286967	82296	27946	998904	184189
河　南	Henan	283454	73349	25522	7038	276348	29142
湖　北	Hubei	378096	53810	23761	2513	375473	35452
湖　南	Hunan	240548	61471	8946	5219	234584	30465
广　东	Guangdong	587298	160539	43094	24984	560721	105867
广　西	Guangxi	21241	5481	1437	1386	19855	7237
海　南	Hainan	40249	10062	2579	570	39412	25456
重　庆	Chongqing	164193	42588	17809	6898	157295	19756
四　川	Sichuan	439553	105920	27246	15114	424391	57901
贵　州	Guizhou	64823	14906	5959	1646	63177	8622
云　南	Yunnan	65926	17088	2481	2292	63410	8235
西　藏	Tibet	4626	2527	98	97	4529	1193
陕　西	Shaanxi	81991	16835	6666	839	81113	9772
甘　肃	Gansu	35950	10447	4222	531	35417	11812
青　海	Qinghai	2668	989	67	153	2516	1819
宁　夏	Ningxia	15460	2857	926	519	14941	722
新　疆	Xinjiang	12070	3385	532	518	11553	1849

2-3-5 续表 1 continued

单位：万元 (10000 yuan)

地区	Region	电子及通信设备制造业 Manufacture of Electronic Equipment and Communication Equipment					
		R&D经费内部支出 Intramural Expenditure on R&D	#人员劳务费 Labor Cost	#仪器和设备 Equipment	#政府资金 Government Funds	#企业资金 Self-raised Funds by Enterprises	R&D经费外部支出 External Expenditure on R&D
全　国	**Total**	**29329851**	**12371582**	**2787567**	**1402467**	**27818681**	**3230051**
东部地区	Eastern Region	22604038	10184075	2019249	823819	21722178	2930578
中部地区	Middle Region	4354601	1391691	537603	481392	3841802	197356
西部地区	Western Region	2145511	698124	220440	91089	2035453	71656
东北地区	Northeaastern Region	225703	97693	10275	6167	219248	30461
北　京	Beijing	656774	275940	44506	103468	548647	43847
天　津	Tianjin	229795	94213	27531	5587	215967	15043
河　北	Hebei	334426	81622	147332	6129	328078	7629
山　西	Shanxi	97980	45551	4553	1740	96240	106
内蒙古	Inner Mongolia	28217	7333	378	476	27742	
辽　宁	Liaoning	205223	91064	9906	5475	199545	30348
吉　林	Jilin	14037	4335	213	654	13299	74
黑龙江	Heilongjiang	6442	2294	157	38	6404	39
上　海	Shanghai	1205688	474300	129093	174243	1022857	29367
江　苏	Jiangsu	4111229	1512204	429742	56505	4040343	218307
浙　江	Zhejiang	2227201	1074882	119958	25553	2199833	110664
安　徽	Anhui	1019029	364110	83873	20178	993369	72975
福　建	Fujian	1482043	634388	165201	78172	1400680	42528
江　西	Jiangxi	792413	194896	79887	14417	777996	15205
山　东	Shandong	719914	279589	35998	15490	702561	77489
河　南	Henan	483986	218773	55417	3769	455716	5336
湖　北	Hubei	1268224	333847	292691	379350	888525	94094
湖　南	Hunan	692969	234515	21183	61938	629957	9641
广　东	Guangdong	11631430	5753652	919830	358673	11258018	2385697
广　西	Guangxi	52927	17210	2058	661	52266	1819
海　南	Hainan	5539	3285	58		5196	8
重　庆	Chongqing	428541	113119	66860	9677	418099	4914
四　川	Sichuan	861321	338306	85783	63330	793837	52901
贵　州	Guizhou	85845	18352	8511	7728	77905	2848
云　南	Yunnan	69432	9258	6156	3604	65828	9
西　藏	Tibet						
陕　西	Shaanxi	470108	162901	31390	3026	466265	8022
甘　肃	Gansu	62176	24530	12212	2	49251	255
青　海	Qinghai	10348	1805	1848	454	9797	889
宁　夏	Ningxia	62559	3479	5218	2129	60430	
新　疆	Xinjiang	14037	1830	25	3	14035	

2-3-5 续表 2 continued

单位：万元 (10000 yuan)

地区	Region	计算机及办公设备制造业 Manufacture of Computer and Office Equipments					
		R&D经费内部支出 Intramural Expenditure on R&D	#人员劳务费 Labor Cost	#仪器和设备 Equipment	#政府资金 Government Funds	#企业资金 Self-raised Funds by Enterprises	R&D经费外部支出 External Expenditure on R&D
全国	**Total**	**2763864**	**1282431**	**83911**	**50432**	**2652325**	**249568**
东部地区	Eastern Region	2252528	1057687	58982	35097	2184749	221899
中部地区	Middle Region	246298	115998	11232	6099	214410	22117
西部地区	Western Region	254454	103428	13279	8286	243532	2655
东北地区	Northeaastern Region	10584	5318	419	949	9635	2898
北京	Beijing	77568	52649	1868	4885	72501	1680
天津	Tianjin	172218	66240	7497	14356	128977	67183
河北	Hebei	3467	1428	612	94	3372	259
山西	Shanxi	1318	804	256	1	1317	
内蒙古	Inner Mongolia						
辽宁	Liaoning	7990	4354	419	913	7077	1439
吉林	Jilin	13	11			13	
黑龙江	Heilongjiang	2581	954		37	2545	1459
上海	Shanghai	69750	41241	6053		68401	2844
江苏	Jiangsu	427779	185434	10266	1963	425568	18102
浙江	Zhejiang	177391	74852	6027	932	175360	37920
安徽	Anhui	149386	79303	4869	3789	119807	20391
福建	Fujian	304742	181142	1246	2630	302111	5000
江西	Jiangxi	27772	8450	3930	254	27519	818
山东	Shandong	253290	109338	9501	2823	250467	54825
河南	Henan	12116	3209	1606	42	12074	70
湖北	Hubei	15552	8726	209	57	15495	234
湖南	Hunan	40154	15506	363	1956	38198	604
广东	Guangdong	766325	345364	15911	7414	757992	34086
广西	Guangxi	4608	1427	9	66	4542	18
海南	Hainan						
重庆	Chongqing	182654	66823	12423	1641	180998	755
四川	Sichuan	50447	22592	834	6535	41291	1843
贵州	Guizhou	102	89			102	
云南	Yunnan	13262	10679		15	13247	
西藏	Tibet						
陕西	Shaanxi	3380	1817	13	28	3352	39
甘肃	Gansu						
青海	Qinghai						
宁夏	Ningxia						
新疆	Xinjiang						

2-3-5 续表 3 continued

单位：万元 (10000 yuan)

地区	Region	医疗仪器设备及仪器仪表制造业 Manufacture of Medical Equipments and Measuring Instrument					
		R&D经费内部支出 Intramural Expenditure on R&D	#人员劳务费 Labor Cost	#仪器和设备 Equipment	#政府资金 Government Funds	#企业资金 Self-raised Funds by Enterprises	R&D经费外部支出 External Expenditure on R&D
全　国	**Total**	**4472309**	**2010003**	**277845**	**203251**	**4240670**	**248745**
东部地区	Eastern Region	3555343	1659777	214373	134055	3396779	166680
中部地区	Middle Region	508855	182785	41348	16194	489206	43952
西部地区	Western Region	321635	130927	18090	31906	289303	29980
东北地区	Northeaastern Region	86477	36514	4034	21095	65382	8133
北　京	Beijing	238730	110964	11667	3500	216313	6113
天　津	Tianjin	68487	28861	6524	767	67714	674
河　北	Hebei	42163	19125	2199	1198	40965	2265
山　西	Shanxi	5424	2316	250	494	4851	147
内蒙古	Inner Mongolia	2273	235		134	2140	
辽　宁	Liaoning	64707	26696	2076	18320	46387	7496
吉　林	Jilin	5840	1461	655	1405	4435	221
黑龙江	Heilongjiang	15931	8357	1303	1370	14561	416
上　海	Shanghai	281164	132810	10243	41932	238080	7569
江　苏	Jiangsu	1108043	528535	63955	12264	1092511	45400
浙　江	Zhejiang	601525	280408	50920	18023	582702	28070
安　徽	Anhui	78567	29460	4609	3766	74659	5644
福　建	Fujian	90717	42092	13858	3162	87529	5368
江　西	Jiangxi	60704	15765	11951	1184	59520	979
山　东	Shandong	294300	112345	13134	24159	270036	17493
河　南	Henan	161649	57019	15722	4566	153972	6652
湖　北	Hubei	97774	35989	3281	1493	96195	25220
湖　南	Hunan	104738	42236	5535	4692	100008	5310
广　东	Guangdong	830214	404638	41873	29051	800930	53728
广　西	Guangxi	4202	1642	181	352	3850	332
海　南	Hainan						
重　庆	Chongqing	79620	35972	5158	5461	74072	14920
四　川	Sichuan	114850	45319	9314	3987	110863	4176
贵　州	Guizhou	3613	1101	677	23	3590	
云　南	Yunnan	17539	7175	633	762	16777	310
西　藏	Tibet						
陕　西	Shaanxi	89343	36166	1571	19929	69076	10058
甘　肃	Gansu	1913	511	1	233	1680	
青　海	Qinghai	692	312		26	666	
宁　夏	Ningxia	7455	2444	554	1000	6455	184
新　疆	Xinjiang	136	51	1		136	

2-3-5 续表 4 continued

单位：万元 (10000 yuan)

地区	Region	信息化学品制造业 Manufacture of Electronic Chemicals					
		R&D经费内部支出 Intramural Expenditure on R&D	#人员劳务费 Labor Cost	#仪器和设备 Equipment	#政府资金 Government Funds	#企业资金 Self-raised Funds by Enterprises	R&D经费外部支出 External Expenditure on R&D
全　国	**Total**	**86420**	**28523**	**10510**	**2307**	**81577**	**2618**
东部地区	Eastern Region	43813	18692	3179	1086	42633	1984
中部地区	Middle Region	37116	7236	7140	732	33941	181
西部地区	Western Region	5162	2359	172	428	4734	14
东北地区	Northeaastern Region	330	236	19	61	269	440
北　京	Beijing						
天　津	Tianjin						
河　北	Hebei	6054	2741	667	282	5771	73
山　西	Shanxi						
内蒙古	Inner Mongolia						
辽　宁	Liaoning	330	236	19	61	269	440
吉　林	Jilin						
黑龙江	Heilongjiang						
上　海	Shanghai						
江　苏	Jiangsu	21025	10057	1287	386	20639	1643
浙　江	Zhejiang	6298	3367	893	414	5884	230
安　徽	Anhui	950	420	14	18	932	8
福　建	Fujian	570	224	9		570	
江　西	Jiangxi	1178	445	102	197	981	25
山　东	Shandong	6028	1152	299	4	5930	
河　南	Henan	18544	3680	6002	99	16001	
湖　北	Hubei	15847	2545	1021	403	15444	63
湖　南	Hunan	597	146		14	583	85
广　东	Guangdong	3838	1150	24		3838	38
广　西	Guangxi						
海　南	Hainan						
重　庆	Chongqing	437	101	8		437	
四　川	Sichuan	831	350		183	648	14
贵　州	Guizhou	138	60	13		138	
云　南	Yunnan						
西　藏	Tibet						
陕　西	Shaanxi	3755	1848	151	244	3511	
甘　肃	Gansu						
青　海	Qinghai						
宁　夏	Ningxia						
新　疆	Xinjiang						

2-4-1 各地区高技术产业新产品开发和销售情况(2020年)

New Products Development and Sale in High-tech Industry by Region(2020)

单位：万元 (10000 yuan)

地区	Region	新产品开发项目数(项) New Products (item)	新产品开发经费支出 Expenditure on New Products Development	新产品销售收入 Sales Revenue of New Products	#出口 Exports
全国	**Total**	**184487**	**61523656**	**685491445**	**248802768**
东部地区	Eastern Region	132312	47155197	512018007	188799242
中部地区	Middle Region	27699	8048053	114291047	44490567
西部地区	Western Region	19564	5317266	52065323	14866590
东北地区	Northeaastern Region	4912	1003141	7117067	646369
北京	Beijing	6478	2467159	24875374	8780712
天津	Tianjin	3564	783510	9441170	3628647
河北	Hebei	3112	674165	7158532	1675019
山西	Shanxi	1367	197834	3218403	1213176
内蒙古	Inner Mongolia	426	80283	490914	56983
辽宁	Liaoning	2561	582739	3862348	431983
吉林	Jilin	1175	198220	1555308	200986
黑龙江	Heilongjiang	1176	222182	1699411	13400
上海	Shanghai	5212	2628348	16057975	6925178
江苏	Jiangsu	24208	8282994	117028401	53501037
浙江	Zhejiang	20757	4428792	56879437	13737408
安徽	Anhui	6111	1768858	24250136	7444324
福建	Fujian	5590	2086663	22575547	9140708
江西	Jiangxi	5886	1433841	23405434	5971932
山东	Shandong	9933	2245843	24275561	3504502
河南	Henan	3993	971927	29156733	22912100
湖北	Hubei	5112	2319967	19339297	3053060
湖南	Hunan	5230	1355626	14921045	3895975
广东	Guangdong	52855	23480625	233583833	87892522
广西	Guangxi	938	120874	1662231	1043077
海南	Hainan	603	77100	142178	13509
重庆	Chongqing	4039	940867	17178605	9974107
四川	Sichuan	7652	1993962	18068055	3091736
贵州	Guizhou	1777	372628	2439823	32159
云南	Yunnan	936	163084	3985534	44257
西藏	Tibet	34	4253		
陕西	Shaanxi	2993	1422072	5486827	216529
甘肃	Gansu	233	99121	816918	332308
青海	Qinghai	74	17420	522032	48
宁夏	Ningxia	264	87015	1316920	75386
新疆	Xinjiang	198	15688	97464	

2-4-2 按地区和企业规模分高技术产业新产品开发和销售情况(2020年)
New Products Development and Sale in High-tech Industry by Region and Industrial Sector(2020)

单位：万元 (10000 yuan)

地区	Region	大型企业 Large-sized Enterprises			
		新产品开发项目数(项) New Products (item)	新产品开发经费支出 Expenditure on New Products Development	新产品销售收入 Sales Revenue of New Products	#出口 Exports
全 国	**Total**	**30419**	**37655258**	**469655825**	**209125399**
东部地区	Eastern Region	19704	29710676	357514963	155282504
中部地区	Middle Region	5014	4437021	75968790	41227043
西部地区	Western Region	4849	2957135	31588043	12169760
东北地区	Northeaastern Region	852	550427	4584030	446092
北 京	Beijing	721	1104162	16997991	7410522
天 津	Tianjin	734	331595	5297580	3220320
河 北	Hebei	401	253369	4014701	1227438
山 西	Shanxi	428	109864	2241843	1173288
内蒙古	Inner Mongolia	64	23780	129147	24293
辽 宁	Liaoning	487	330460	2660437	258652
吉 林	Jilin	199	76082	616242	180921
黑龙江	Heilongjiang	166	143885	1307351	6519
上 海	Shanghai	682	1460353	9177225	4794647
江 苏	Jiangsu	4159	4484878	79046556	45675529
浙 江	Zhejiang	2302	2085012	28551174	7793083
安 徽	Anhui	744	934401	13801952	6532778
福 建	Fujian	1133	1239538	17813493	8272449
江 西	Jiangxi	1215	774793	15910136	5293538
山 东	Shandong	2223	1275229	16793285	2723738
河 南	Henan	943	541444	25828423	22522698
湖 北	Hubei	1245	1536901	11192496	2273367
湖 南	Hunan	439	539619	6993941	3431376
广 东	Guangdong	7323	17469519	179822958	74164778
广 西	Guangxi	171	40797	338641	160945
海 南	Hainan	26	7020		
重 庆	Chongqing	1150	458039	12343204	9192371
四 川	Sichuan	1788	998570	10438007	2321258
贵 州	Guizhou	669	218150	1490049	6816
云 南	Yunnan	252	69664	1274232	4574
西 藏	Tibet				
陕 西	Shaanxi	589	1011710	3574188	81397
甘 肃	Gansu	66	71230	688585	328854
青 海	Qinghai	8	5773	326797	
宁 夏	Ningxia	42	58041	984898	49253
新 疆	Xinjiang	50	1380	294	

2-4-2 续表 continued

单位：万元 (10000 yuan)

地区	Region	中型企业 Medium-sized Enterprises 新产品开发项目数(项) New Products (item)	新产品开发经费支出 Expenditure on New Products Development	新产品销售收入 Sales Revenue of New Products	#出口 Exports
全国	**Total**	**46636**	**11798299**	**122330779**	**25402975**
东部地区	Eastern Region	32622	8870319	92376527	21816615
中部地区	Middle Region	6808	1453483	18642886	1757949
西部地区	Western Region	5792	1268306	9918887	1725654
东北地区	Northeaastern Region	1414	206191	1392479	102759
北京	Beijing	2011	687702	4341237	876636
天津	Tianjin	1014	230628	2848118	245940
河北	Hebei	964	287007	1963017	327823
山西	Shanxi	470	42807	568188	28018
内蒙古	Inner Mongolia	113	33957	177469	29940
辽宁	Liaoning	469	95713	504644	82281
吉林	Jilin	488	69947	703425	16712
黑龙江	Heilongjiang	457	40531	184410	3766
上海	Shanghai	1578	655189	4332033	1596596
江苏	Jiangsu	5936	1829008	22128838	5465273
浙江	Zhejiang	5510	1201454	18122079	4242426
安徽	Anhui	1442	300982	4888961	416431
福建	Fujian	1525	431248	2934680	527182
江西	Jiangxi	1228	250728	2747306	393111
山东	Shandong	2452	507711	4795416	598163
河南	Henan	1093	240108	1992585	284384
湖北	Hubei	1195	339951	4304310	310402
湖南	Hunan	1380	278908	4141536	325603
广东	Guangdong	11257	2982403	30772876	7923068
广西	Guangxi	305	37207	780518	488844
海南	Hainan	375	57971	138234	13509
重庆	Chongqing	1291	267582	2970345	579038
四川	Sichuan	2250	521259	3374000	488165
贵州	Guizhou	580	105447	682176	14556
云南	Yunnan	191	35540	235023	1328
西藏	Tibet	20	3392		
陕西	Shaanxi	799	224431	1129556	96008
甘肃	Gansu	54	12494	81696	1641
青海	Qinghai	18	8124	186689	
宁夏	Ningxia	72	10955	271565	26134
新疆	Xinjiang	99	7917	29851	

2-4-3 各地区国有及国有控股企业高技术产业新产品开发和销售情况(2020年)

New Products Development and Sale in High-tech Industry of State-owned and State-controlled Enterprises by Region (2020)

单位：万元 (10000 yuan)

地区	Region	新产品开发项目数(项) New Products (item)	新产品开发经费支出 Expenditure on New Products Development	新产品销售收入 Sales Revenue of New Products	#出口 Exports
全国	**Total**	**19808**	**10905737**	**88739099**	**14055601**
东部地区	Eastern Region	10057	5852760	49734817	9390871
中部地区	Middle Region	3461	2274142	17371837	2293548
西部地区	Western Region	5456	2403521	18200453	2326818
东北地区	Northeaastern Region	834	375315	3431992	44364
北京	Beijing	1808	956460	4124300	493042
天津	Tianjin	1107	256142	2165421	166362
河北	Hebei	470	106320	937891	85709
山西	Shanxi	291	49103	496932	110015
内蒙古	Inner Mongolia	85	23042	64253	
辽宁	Liaoning	448	179596	2070039	43221
吉林	Jilin	170	51194	119168	484
黑龙江	Heilongjiang	216	144525	1242786	660
上海	Shanghai	838	749658	3122142	659402
江苏	Jiangsu	1883	682893	7137013	1550879
浙江	Zhejiang	507	453633	3966183	137194
安徽	Anhui	727	279275	3957717	1210715
福建	Fujian	489	337288	3233736	495510
江西	Jiangxi	430	261521	4739571	117160
山东	Shandong	1023	489915	7774535	433884
河南	Henan	479	210842	1398953	126459
湖北	Hubei	953	1101645	4498461	660460
湖南	Hunan	581	371755	2280203	68739
广东	Guangdong	1874	1811559	17272215	5368890
广西	Guangxi	100	9746	178698	47055
海南	Hainan	58	8894	1381	
重庆	Chongqing	1225	196867	2793836	991451
四川	Sichuan	1613	905784	9654764	1149154
贵州	Guizhou	1008	263464	1261036	8038
云南	Yunnan	249	44477	168345	603
西藏	Tibet	5	463		
陕西	Shaanxi	991	919813	4011197	130516
甘肃	Gansu	67	27846	57868	
青海	Qinghai	22	947	2	
宁夏	Ningxia	5	3375	6917	
新疆	Xinjiang	86	7698	3537	

2-4-4 按地区和登记注册类型分高技术产业新产品开发和销售情况(2020年)
New Products Development and Sale in High-tech Industry by Region and Registration Status (2020)

单位：万元 (10000 yuan)

地区	Region	内资企业 Domestic Funded			
		新产品开发项目数(项) New Products (item)	新产品开发经费支出 Expenditure on New Products Development	新产品销售收入 Sales Revenue of New Products	#出口 Exports
全国	**Total**	**155417**	**48274336**	**443814136**	**102835209**
东部地区	Eastern Region	107262	35637418	320130358	80676242
中部地区	Middle Region	25434	7042346	75912614	16071363
西部地区	Western Region	18162	4763547	41205792	5640746
东北地区	Northeaastern Region	4559	831025	6565372	446859
北京	Beijing	5204	1708099	8566628	953858
天津	Tianjin	2977	549762	4922188	480859
河北	Hebei	2758	518022	5509027	1611819
山西	Shanxi	1275	144814	2135794	810709
内蒙古	Inner Mongolia	376	73223	408540	56983
辽宁	Liaoning	2299	415716	3428159	249409
吉林	Jilin	1109	195030	1459676	187133
黑龙江	Heilongjiang	1151	220279	1677538	10317
上海	Shanghai	3615	1488958	7472228	2739561
江苏	Jiangsu	18142	4969771	52381016	9565056
浙江	Zhejiang	17473	3202039	35230735	7798598
安徽	Anhui	5432	1515002	16699300	2959966
福建	Fujian	4389	1435943	11854506	2353495
江西	Jiangxi	5399	1296029	22021386	5619640
山东	Shandong	8685	1856402	20069724	2466649
河南	Henan	3741	844435	10160227	4402922
湖北	Hubei	4650	2053460	13841650	1570352
湖南	Hunan	4937	1188606	11054257	707775
广东	Guangdong	43521	19843154	173991548	52701676
广西	Guangxi	812	97568	1455262	863921
海南	Hainan	498	65269	132756	4673
重庆	Chongqing	3663	777949	8916456	2261529
四川	Sichuan	7116	1865945	16198207	1788024
贵州	Guizhou	1736	366576	2425285	32159
云南	Yunnan	841	145749	3904662	33415
西藏	Tibet	34	4253		
陕西	Shaanxi	2861	1226055	5266752	196974
甘肃	Gansu	233	99121	816918	332308
青海	Qinghai	69	13598	471881	48
宁夏	Ningxia	232	80105	1309420	75386
新疆	Xinjiang	189	13407	32408	

2-4-4 续表 1 continued

单位：万元 (10000 yuan)

地区	Region	#国有企业 State-owned Enterprises 新产品开发项目数(项) New Products (item)	新产品开发经费支出 Expenditure on New Products Development	新产品销售收入 Sales Revenue of New Products	#出口 Exports
全国	**Total**	**1318**	**403484**	**5132548**	**157922**
东部地区	Eastern Region	551	173675	1616621	107220
中部地区	Middle Region	227	97381	2576652	
西部地区	Western Region	462	131530	833542	50701
东北地区	Northeaastern Region	78	897	105733	
北京	Beijing	116	49872	105926	
天津	Tianjin	76	9554	100204	325
河北	Hebei	8	9205	75322	
山西	Shanxi	25	2099	34	
内蒙古	Inner Mongolia	21	2817	26716	
辽宁	Liaoning	77	846	103500	
吉林	Jilin				
黑龙江	Heilongjiang	1	52	2233	
上海	Shanghai	17	2048	71864	
江苏	Jiangsu	122	53644	998564	103849
浙江	Zhejiang	15	1442		
安徽	Anhui	25	3643	13471	
福建	Fujian				
江西	Jiangxi	65	53476	2302016	
山东	Shandong	45	3544	85440	1161
河南	Henan	13	11199	60680	
湖北	Hubei	69	23090	185020	
湖南	Hunan	30	3874	15431	
广东	Guangdong	124	37193	179303	1886
广西	Guangxi	13	1262	106225	46523
海南	Hainan	28	7173		
重庆	Chongqing	59	5214	45334	677
四川	Sichuan	15	14663	32587	2911
贵州	Guizhou	233	21387	146169	
云南	Yunnan	10	3357	3543	
西藏	Tibet				
陕西	Shaanxi	99	78573	472967	590
甘肃	Gansu	7	2943		
青海	Qinghai	3	290		
宁夏	Ningxia				
新疆	Xinjiang	2	1025		

2-4-4 续表 2 continued

单位：万元 (10000 yuan)

地区	Region	港澳台投资企业 Enterprises with Funds from Hong Kong, Macau and Taiwan 新产品开发项目数(项) New Products (item)	新产品开发经费支出 Expenditure on New Products Development	新产品销售收入 Sales Revenue of New Products	#出口 Exports
全国	**Total**	**14516**	**6575430**	**133988366**	**83858310**
东部地区	Eastern Region	12412	5701839	102085747	56626200
中部地区	Middle Region	1391	659512	30127993	26070212
西部地区	Western Region	556	167123	1609797	1138894
东北地区	Northeaastern Region	157	46957	164829	23004
北京	Beijing	567	450776	14181762	7277324
天津	Tianjin	165	44859	659676	398211
河北	Hebei	139	108366	1098908	12890
山西	Shanxi	19	1884	43087	
内蒙古	Inner Mongolia	50	7060	82374	
辽宁	Liaoning	127	45162	110810	9152
吉林	Jilin	14	1032	54018	13852
黑龙江	Heilongjiang	16	763		
上海	Shanghai	671	408383	4055703	1624731
江苏	Jiangsu	2442	1440506	29721704	19835616
浙江	Zhejiang	1127	624036	9410813	1779459
安徽	Anhui	478	174077	6378512	4277790
福建	Fujian	775	431555	6776152	3977612
江西	Jiangxi	209	43693	490830	125508
山东	Shandong	478	124089	1267219	122073
河南	Henan	194	112001	18853261	18458258
湖北	Hubei	270	179923	739864	40380
湖南	Hunan	221	147933	3622440	3168276
广东	Guangdong	5966	2060329	34906547	21591024
广西	Guangxi	47	7131	186558	179128
海南	Hainan	82	8940	7261	7261
重庆	Chongqing	119	82550	438977	359465
四川	Sichuan	221	32341	714135	578265
贵州	Guizhou	9	1517	7729	
云南	Yunnan	73	13155	37269	9275
西藏	Tibet				
陕西	Shaanxi	33	22449	142756	12763
甘肃	Gansu				
青海	Qinghai				
宁夏	Ningxia	4	921		
新疆	Xinjiang				

2-4-4 续表 3 continued

单位：万元 (10000 yuan)

地区	Region	外商投资企业 Foreign Funded Enterprises 新产品开发项目数(项) New Products (item)	新产品开发经费支出 Expenditure on New Products Development	新产品销售收入 Sales Revenue of New Products	#出口 Exports
全国	**Total**	**14554**	**6673890**	**107688943**	**62109249**
东部地区	Eastern Region	12638	5815940	89801903	51496800
中部地区	Middle Region	874	346195	8250440	2348993
西部地区	Western Region	846	386597	9249734	8086950
东北地区	Northeaastern Region	196	125159	386866	176506
北京	Beijing	707	308284	2126983	549530
天津	Tianjin	422	188888	3859307	2749577
河北	Hebei	215	47778	550597	50311
山西	Shanxi	73	51136	1039522	402468
内蒙古	Inner Mongolia				
辽宁	Liaoning	135	121861	323379	173422
吉林	Jilin	52	2158	41613	
黑龙江	Heilongjiang	9	1140	21873	3084
上海	Shanghai	926	731006	4530044	2560886
江苏	Jiangsu	3624	1872717	34925681	24100366
浙江	Zhejiang	2157	602717	12237888	4159351
安徽	Anhui	201	79779	1172324	206568
福建	Fujian	426	219165	3944889	2809602
江西	Jiangxi	278	94119	893219	226784
山东	Shandong	770	265352	2938617	915781
河南	Henan	58	15490	143246	50921
湖北	Hubei	192	86584	4757782	1442328
湖南	Hunan	72	19087	244347	19924
广东	Guangdong	3368	1577142	24685738	13599822
广西	Guangxi	79	16175	20411	28
海南	Hainan	23	2891	2161	1576
重庆	Chongqing	257	80368	7823172	7353114
四川	Sichuan	315	95676	1155714	725448
贵州	Guizhou	32	4535	6808	
云南	Yunnan	22	4181	43603	1568
西藏	Tibet				
陕西	Shaanxi	99	173569	77319	6793
甘肃	Gansu				
青海	Qinghai	5	3822	50151	
宁夏	Ningxia	28	5990	7500	
新疆	Xinjiang	9	2281	65056	

2-4-5 按地区和行业分高技术产业新产品开发和销售情况(2020年)

New Products Development and Sale in High-tech Industry by Region and Industrial Sector (2020)

单位：万元 (10000 yuan)

地区	Region	医药制造业 Medical and Pharmaceutical Products Manufacturing			
		新产品开发项目数(项) New Products (item)	新产品开发经费支出 Expenditure on New Products Development	新产品销售收入 Sales Revenue of New Products	#出口 Exports
全　国	**Total**	**42145**	**8831876**	**76981144**	**8891752**
东部地区	Eastern Region	24994	5994363	50850023	6858524
中部地区	Middle Region	8487	1557314	15934725	1267080
西部地区	Western Region	6489	984483	7602782	474692
东北地区	Northeaastern Region	2175	295717	2593614	291456
北　京	Beijing	1973	549498	3324913	302750
天　津	Tianjin	1045	193835	1682066	255212
河　北	Hebei	1144	229956	3477343	435864
山　西	Shanxi	649	64693	964953	118492
内蒙古	Inner Mongolia	254	41236	242241	2737
辽　宁	Liaoning	601	107264	967787	107792
吉　林	Jilin	789	143223	1287356	183092
黑龙江	Heilongjiang	785	45230	338471	572
上　海	Shanghai	1371	481236	1497560	357830
江　苏	Jiangsu	4719	1849514	16813043	1021520
浙　江	Zhejiang	4385	736090	7591519	2468030
安　徽	Anhui	1647	266831	3590910	332248
福　建	Fujian	987	148370	1019338	155040
江　西	Jiangxi	1571	205810	2364548	151188
山　东	Shandong	4692	948989	9601272	929119
河　南	Henan	1362	265319	2334665	121311
湖　北	Hubei	1861	511291	3750319	484417
湖　南	Hunan	1397	243369	2929330	59424
广　东	Guangdong	4103	786950	5700792	919649
广　西	Guangxi	304	29714	241239	76929
海　南	Hainan	575	69927	142178	13509
重　庆	Chongqing	969	159155	2496955	251326
四　川	Sichuan	2787	462726	2615706	68007
贵　州	Guizhou	437	66043	618923	919
云　南	Yunnan	600	71429	436488	11072
西　藏	Tibet	34	4253		
陕　西	Shaanxi	577	87846	723976	14448
甘　肃	Gansu	154	31932	93782	
青　海	Qinghai	53	3416	8818	
宁　夏	Ningxia	138	14967	94216	49253
新　疆	Xinjiang	182	11767	30440	

2-4-5　续表 1　continued

单位：万元　(10000 yuan)

地　区	Region	电子及通信设备制造业 Manufacture of Electronic Equipment and Communication Equipment			
		新产品开发项目数(项) New Products (item)	新产品开发经费支出 Expenditure on New Products Development	新产品销售收入 Sales Revenue of New Products	#出口 Exports
全　国	**Total**	**88889**	**40641200**	**477040922**	**185325379**
东部地区	Eastern Region	68538	33016439	369949453	141461248
中部地区	Middle Region	12160	4905279	80411157	37970686
西部地区	Western Region	7125	2442804	25701493	5607379
东北地区	Northeaastern Region	1066	276679	978819	286065
北　京	Beijing	1943	951303	16470465	7932471
天　津	Tianjin	1339	299665	4337428	2083087
河　北	Hebei	907	345694	2703983	1116501
山　西	Shanxi	237	83806	1964452	1092467
内蒙古	Inner Mongolia	137	33200	192600	54246
辽　宁	Liaoning	763	237934	681720	262562
吉　林	Jilin	229	30924	222521	17855
黑龙江	Heilongjiang	74	7821	74579	5649
上　海	Shanghai	1882	1420233	11114852	5144011
江　苏	Jiangsu	11604	4611608	63727191	27457573
浙　江	Zhejiang	9542	2738641	39327878	8642146
安　徽	Anhui	2947	1209394	12680549	2749361
福　建	Fujian	3241	1521762	18232746	7544011
江　西	Jiangxi	3334	942658	17106823	5571805
山　东	Shandong	2388	729063	6200777	2351964
河　南	Henan	1112	387807	24732496	22614740
湖　北	Hubei	2104	1514852	13544314	2325240
湖　南	Hunan	2426	766762	10382523	3617075
广　东	Guangdong	35664	20391297	207834135	79189485
广　西	Guangxi	377	65892	879427	493572
海　南	Hainan	28	7173		
重　庆	Chongqing	1524	491487	5526839	2376129
四　川	Sichuan	2929	1080928	11096100	2157618
贵　州	Guizhou	786	96450	1083559	22088
云　南	Yunnan	145	58848	3340283	12553
西　藏	Tibet				
陕　西	Shaanxi	1085	469510	1124296	140137
甘　肃	Gansu	52	64393	714897	330495
青　海	Qinghai	18	13651	513214	48
宁　夏	Ningxia	60	64813	1163945	20495
新　疆	Xinjiang	12	3633	66335	

2-4-5 续表 2 continued

单位：万元 (10000 yuan)

地区	Region	计算机及办公设备制造业 Manufacture of Computer and Office Equipments			
		新产品开发项目数(项) New Products (item)	新产品开发经费支出 Expenditure on New Products Development	新产品销售收入 Sales Revenue of New Products	#出口 Exports
全国	**Total**	**11905**	**3440193**	**73436741**	**46433286**
东部地区	Eastern Region	9290	2837964	56037431	33690147
中部地区	Middle Region	1234	303301	7547832	4459223
西部地区	Western Region	1304	285235	9809293	8282050
东北地区	Northeaastern Region	77	13693	42185	1866
北京	Beijing	234	285141	2336871	212088
天津	Tianjin	272	175706	2760662	1247478
河北	Hebei	103	5248	35615	1841
山西	Shanxi	63	12508	33133	
内蒙古	Inner Mongolia				
辽宁	Liaoning	56	10421	33898	1866
吉林	Jilin	6	45	7965	
黑龙江	Heilongjiang	15	3228	322	
上海	Shanghai	154	98348	1394087	1178265
江苏	Jiangsu	1053	548409	25486441	23141562
浙江	Zhejiang	916	146262	2581285	1040860
安徽	Anhui	646	168884	6836441	4250785
福建	Fujian	589	312804	2727052	1341496
江西	Jiangxi	162	29779	407667	195889
山东	Shandong	503	235205	6156244	46729
河南	Henan	92	13389	77985	8986
湖北	Hubei	60	22316	40016	2206
湖南	Hunan	211	56424	152589	1357
广东	Guangdong	5466	1030840	12559175	5479827
广西	Guangxi	63	8915	458286	433105
海南	Hainan				
重庆	Chongqing	571	186776	8321913	7267062
四川	Sichuan	478	72990	973433	581645
贵州	Guizhou	5	220	100	
云南	Yunnan	37	13544	42067	238
西藏	Tibet				
陕西	Shaanxi	150	2790	13494	
甘肃	Gansu				
青海	Qinghai				
宁夏	Ningxia				
新疆	Xinjiang				

2-4-5 续表 3 continued

单位：万元 (10000 yuan)

地 区	Region	医疗仪器设备及仪器仪表制造业 Manufacture of Medical Equipments and Measuring Instrument 新产品开发项目数(项) New Products (item)	新产品开发经费支出 Expenditure on New Products Development	新产品销售收入 Sales Revenue of New Products	#出口 Exports
全 国	**Total**	**36385**	**5679165**	**39750132**	**7398780**
东部地区	Eastern Region	27660	4532367	31749487	6475293
中部地区	Middle Region	4756	625518	5282941	604846
西部地区	Western Region	2917	396289	2184254	263920
东北地区	Northeaastern Region	1052	124991	533451	54721
北 京	Beijing	1936	392317	1978137	321980
天 津	Tianjin	758	80144	477445	41001
河 北	Hebei	784	66381	703988	103633
山 西	Shanxi	200	11293	82906	
内 蒙 古	Inner Mongolia	10	2107	3190	
辽 宁	Liaoning	744	86954	382699	47503
吉 林	Jilin	142	11548	37466	39
黑 龙 江	Heilongjiang	166	26489	113286	7179
上 海	Shanghai	1684	415094	1157951	242644
江 苏	Jiangsu	6489	1194824	10206488	1696697
浙 江	Zhejiang	5716	774025	7219993	1535970
安 徽	Anhui	807	100895	1045229	109278
福 建	Fujian	764	102972	595909	100162
江 西	Jiangxi	627	78403	737693	39956
山 东	Shandong	2253	319234	2125297	138778
河 南	Henan	1251	171524	1184929	111807
湖 北	Hubei	789	131857	1071091	125686
湖 南	Hunan	1082	131546	1161094	218119
广 东	Guangdong	7276	1187376	7284279	2294430
广 西	Guangxi	194	16353	82415	39471
海 南	Hainan				
重 庆	Chongqing	934	94744	786640	59635
四 川	Sichuan	952	139775	671922	125000
贵 州	Guizhou	77	8456	37398	3077
云 南	Yunnan	144	18743	165047	18744
西 藏	Tibet				
陕 西	Shaanxi	506	105439	369953	10542
甘 肃	Gansu	27	2796	8239	1813
青 海	Qinghai	3	353		
宁 夏	Ningxia	66	7236	58760	5639
新 疆	Xinjiang	4	288	690	

2-4-5 续表 4 continued

单位：万元 (10000 yuan)

地 区	Region	信息化学品制造业 Manufacture of Electronic Chemicals 新产品开发项目数(项) New Products (item)	新产品开发经费支出 Expenditure on New Products Development	新产品销售收入 Sales Revenue of New Products	#出口 Exports
全 国	**Total**	**589**	**123586**	**2028247**	**357696**
东部地区	Eastern Region	435	81059	997102	164289
中部地区	Middle Region	111	30837	843259	165960
西部地区	Western Region	40	11483	180749	26781
东北地区	Northeaastern Region	3	208	7138	666
北 京	Beijing			1727	
天 津	Tianjin				
河 北	Hebei	144	12999	109880	17128
山 西	Shanxi				
内蒙古	Inner Mongolia				
辽 宁	Liaoning	3	208	7138	666
吉 林	Jilin				
黑龙江	Heilongjiang				
上 海	Shanghai	5	70	2910	227
江 苏	Jiangsu	127	40480	497171	94219
浙 江	Zhejiang	71	16106	106244	40686
安 徽	Anhui	9	1103	8443	415
福 建	Fujian	8	570	503	
江 西	Jiangxi	11	2402	16075	583
山 东	Shandong	33	6398	131082	7819
河 南	Henan	38	8123	331965	54882
湖 北	Hubei	47	17558	474365	110081
湖 南	Hunan	6	1650	12411	
广 东	Guangdong	47	4436	147586	4211
广 西	Guangxi			865	
海 南	Hainan				
重 庆	Chongqing	6	2106	26891	19589
四 川	Sichuan	5	1568	80663	3581
贵 州	Guizhou	2	277	1022	
云 南	Yunnan				
西 藏	Tibet				
陕 西	Shaanxi	27	7533	71308	3610
甘 肃	Gansu				
青 海	Qinghai				
宁 夏	Ningxia				
新 疆	Xinjiang				

2-5-1 各地区高技术产业专利情况(2020年)
Statistics on Patents in High-tech Industry by Region(2020)

单位：件 (piece)

地区	Region	专利申请数 Patent Applications	#发明专利 Invention Patents	有效发明专利数 Number of Patents In Force
全国	**Total**	**348522**	**174641**	**570905**
东部地区	Eastern Region	266216	136190	463615
中部地区	Middle Region	50726	22714	58449
西部地区	Western Region	27022	13438	39291
东北地区	Northeaastern Region	4558	2299	9550
北京	Beijing	11324	7180	31243
天津	Tianjin	4459	2315	6731
河北	Hebei	3059	1385	4464
山西	Shanxi	888	322	1365
内蒙古	Inner Mongolia	438	256	671
辽宁	Liaoning	2937	1423	6432
吉林	Jilin	795	465	1489
黑龙江	Heilongjiang	826	411	1629
上海	Shanghai	10985	6818	23884
江苏	Jiangsu	50831	22962	62111
浙江	Zhejiang	27058	11298	30818
安徽	Anhui	13520	6368	13735
福建	Fujian	12302	5491	15120
江西	Jiangxi	8783	2435	8169
山东	Shandong	14146	6724	17307
河南	Henan	6721	1855	7842
湖北	Hubei	13637	8327	18752
湖南	Hunan	7177	3407	8586
广东	Guangdong	131935	71947	271200
广西	Guangxi	972	288	1268
海南	Hainan	117	70	737
重庆	Chongqing	4666	2023	5236
四川	Sichuan	12591	6823	17326
贵州	Guizhou	1894	971	3078
云南	Yunnan	768	257	1426
西藏	Tibet	17	7	85
陕西	Shaanxi	4644	2458	8662
甘肃	Gansu	283	97	674
青海	Qinghai	199	58	262
宁夏	Ningxia	379	130	284
新疆	Xinjiang	171	70	319

2-5-2 按地区和企业规模分高技术产业专利情况(2020年)
Statistics on Patents in High-tech Industry by Region and Industrial Sector(2020)

单位：件 (piece)

地区	Region	大型企业 Large-sized Enterprises		
		专利申请数 Patent Applications	#发明专利 Invention Patents	有效发明专利数 Number of Patents In Force
全国	**Total**	**145789**	**99788**	**341410**
东部地区	Eastern Region	114693	80119	293812
中部地区	Middle Region	19045	11635	27326
西部地区	Western Region	10542	7120	16614
东北地区	Northeaastern Region	1509	914	3658
北京	Beijing	4562	3459	18516
天津	Tianjin	902	535	2519
河北	Hebei	438	230	1065
山西	Shanxi	280	100	305
内蒙古	Inner Mongolia	129	119	70
辽宁	Liaoning	1081	678	2959
吉林	Jilin	119	69	250
黑龙江	Heilongjiang	309	167	449
上海	Shanghai	4941	4227	13138
江苏	Jiangsu	11662	6860	18752
浙江	Zhejiang	8619	5150	12857
安徽	Anhui	4252	2657	5144
福建	Fujian	5768	3332	6730
江西	Jiangxi	2885	1136	4796
山东	Shandong	5867	3414	8411
河南	Henan	2050	668	2337
湖北	Hubei	7955	6043	11856
湖南	Hunan	1623	1031	2888
广东	Guangdong	71900	52911	211819
广西	Guangxi	171	72	211
海南	Hainan	34	1	5
重庆	Chongqing	1619	1180	1704
四川	Sichuan	5691	3823	8504
贵州	Guizhou	743	504	1274
云南	Yunnan	174	111	478
西藏	Tibet			
陕西	Shaanxi	1705	1162	3781
甘肃	Gansu	95	52	308
青海	Qinghai	100	33	82
宁夏	Ningxia	39	28	41
新疆	Xinjiang	76	36	161

2-5-2 续表 continued

单位：件 (piece)

地区	Region	中型企业 Medium-sized Enterprises 专利申请数 Patent Applications	#发明专利 Invention Patents	有效发明专利数 Number of Patents In Force
全国	**Total**	**78409**	**36177**	**97257**
东部地区	Eastern Region	60449	28719	73475
中部地区	Middle Region	9909	3835	11960
西部地区	Western Region	6844	2930	8941
东北地区	Northeaastern Region	1207	693	2881
北京	Beijing	2786	1665	5646
天津	Tianjin	1612	835	1873
河北	Hebei	1077	712	1511
山西	Shanxi	285	105	569
内蒙古	Inner Mongolia	74	22	190
辽宁	Liaoning	674	367	1530
吉林	Jilin	270	166	633
黑龙江	Heilongjiang	263	160	718
上海	Shanghai	2347	1319	5850
江苏	Jiangsu	15833	8893	15753
浙江	Zhejiang	6905	2899	8547
安徽	Anhui	2327	1077	2616
福建	Fujian	2542	1076	4101
江西	Jiangxi	1717	353	1281
山东	Shandong	3480	1720	3830
河南	Henan	1948	556	2725
湖北	Hubei	1690	848	2609
湖南	Hunan	1942	896	2160
广东	Guangdong	23821	9561	25938
广西	Guangxi	391	95	330
海南	Hainan	46	39	426
重庆	Chongqing	1456	456	1289
四川	Sichuan	2646	1325	3799
贵州	Guizhou	707	343	1063
云南	Yunnan	153	46	194
西藏	Tibet	9	6	73
陕西	Shaanxi	1067	522	1637
甘肃	Gansu	92	26	138
青海	Qinghai	42	12	96
宁夏	Ningxia	160	63	82
新疆	Xinjiang	47	14	50

2-5-3 各地区国有及国有控股企业高技术产业专利情况(2020年)

Statistics on Patents in High-tech Industry of State-owned and State-controlled Enterprises by Region (2020)

单位：件 (piece)

地区	Region	专利申请数 Patent Applications	#发明专利 Invention Patents	有效发明专利数 Number of Patents In Force
全国	**Total**	**51769**	**35618**	**118644**
东部地区	Eastern Region	30424	22164	85793
中部地区	Middle Region	10678	7012	16527
西部地区	Western Region	9278	5624	13509
东北地区	Northeaastern Region	1389	818	2815
北京	Beijing	4406	3282	10798
天津	Tianjin	1014	563	1985
河北	Hebei	423	198	732
山西	Shanxi	255	109	373
内蒙古	Inner Mongolia	214	169	153
辽宁	Liaoning	971	554	2015
吉林	Jilin	71	45	202
黑龙江	Heilongjiang	347	219	598
上海	Shanghai	2892	2263	11321
江苏	Jiangsu	7728	5776	7215
浙江	Zhejiang	1603	1099	2116
安徽	Anhui	2078	1246	2868
福建	Fujian	1444	1079	3452
江西	Jiangxi	874	425	670
山东	Shandong	3289	1874	4998
河南	Henan	1351	542	1813
湖北	Hubei	4537	3680	7601
湖南	Hunan	1583	1010	3202
广东	Guangdong	7614	6023	43125
广西	Guangxi	52	12	206
海南	Hainan	11	7	51
重庆	Chongqing	672	352	1207
四川	Sichuan	4253	2656	4910
贵州	Guizhou	1321	780	1732
云南	Yunnan	189	110	290
西藏	Tibet	15	5	28
陕西	Shaanxi	2480	1518	4842
甘肃	Gansu	31	9	73
青海	Qinghai	13	1	30
宁夏	Ningxia	8	5	8
新疆	Xinjiang	30	7	30

2-5-4 按地区和登记注册类型分高技术产业专利情况(2020年)
Statistics on Patents in High-tech Industry by Region and Registration Status(2020)

单位：件 (piece)

地 区	Region	内资企业 Domestic Funded		
		专利申请数 Patent Applications	#发明专利 Invention Patents	有效发明专利数 Number of Patents In Force
全 国	**Total**	**299350**	**149248**	**479489**
东部地区	Eastern Region	222063	112848	381126
中部地区	Middle Region	47673	21479	54468
西部地区	Western Region	25465	12821	35582
东北地区	Northeaastern Region	4149	2100	8313
北 京	Beijing	8189	5172	16893
天 津	Tianjin	3500	1815	5464
河 北	Hebei	2918	1317	4111
山 西	Shanxi	788	296	1325
内蒙古	Inner Mongolia	424	248	636
辽 宁	Liaoning	2568	1232	5370
吉 林	Jilin	768	458	1398
黑龙江	Heilongjiang	813	410	1545
上 海	Shanghai	7536	4377	18618
江 苏	Jiangsu	40853	18241	43616
浙 江	Zhejiang	22048	8793	20051
安 徽	Anhui	12829	6035	13125
福 建	Fujian	9723	4168	11861
江 西	Jiangxi	8081	2214	7432
山 东	Shandong	11545	5376	14587
河 南	Henan	6227	1710	7277
湖 北	Hubei	12952	7959	17137
湖 南	Hunan	6796	3265	8172
广 东	Guangdong	115638	63523	245272
广 西	Guangxi	905	275	1157
海 南	Hainan	113	66	653
重 庆	Chongqing	4186	1806	4142
四 川	Sichuan	12175	6602	16125
贵 州	Guizhou	1867	963	2996
云 南	Yunnan	696	241	1282
西 藏	Tibet	17	7	85
陕 西	Shaanxi	4418	2384	7883
甘 肃	Gansu	283	97	674
青 海	Qinghai	79	20	180
宁 夏	Ningxia	299	122	273
新 疆	Xinjiang	116	56	149

2-5-4 续表 1 continued

单位：件 (piece)

地区	Region	#国有企业 State-owned Enterprises 专利申请数 Patent Applications	#发明专利 Invention Patents	有效发明专利数 Number of Patents In Force
全国	**Total**	**6666**	**5258**	**4908**
东部地区	Eastern Region	5323	4484	2559
中部地区	Middle Region	498	284	689
西部地区	Western Region	750	437	1588
东北地区	Northeaastern Region	95	53	72
北京	Beijing	256	228	856
天津	Tianjin	24	20	72
河北	Hebei	27	8	44
山西	Shanxi	37	27	48
内蒙古	Inner Mongolia	31	23	63
辽宁	Liaoning	65	30	27
吉林	Jilin			
黑龙江	Heilongjiang	30	23	45
上海	Shanghai	49	22	21
江苏	Jiangsu	4790	4127	1308
浙江	Zhejiang			16
安徽	Anhui	24	22	8
福建	Fujian			
江西	Jiangxi	189	95	168
山东	Shandong	26	3	21
河南	Henan	52	18	25
湖北	Hubei	136	98	323
湖南	Hunan	60	24	117
广东	Guangdong	151	76	218
广西	Guangxi	5	4	4
海南	Hainan			3
重庆	Chongqing	54	17	48
四川	Sichuan	75	48	112
贵州	Guizhou	173	99	240
云南	Yunnan	9	4	21
西藏	Tibet			
陕西	Shaanxi	390	241	1081
甘肃	Gansu			1
青海	Qinghai	13	1	18
宁夏	Ningxia			
新疆	Xinjiang			

2-5-4 续表 2 continued

单位：件 (piece)

地 区	Region	港澳台投资企业 Enterprises with Funds from Hong Kong, Macau and Taiwan 专利申请数 Patent Applications	#发明专利 Invention Patents	有效发明专利数 Number of Patents In Force
全 国	**Total**	**23262**	**10874**	**49898**
东部地区	Eastern Region	20945	9966	45867
中部地区	Middle Region	1605	654	2266
西部地区	Western Region	604	223	1391
东北地区	Northeaastern Region	108	31	374
北 京	Beijing	2026	1168	12294
天 津	Tianjin	254	99	228
河 北	Hebei	47	29	209
山 西	Shanxi	12	7	8
内 蒙 古	Inner Mongolia	14	8	35
辽 宁	Liaoning	93	28	338
吉 林	Jilin	3	2	26
黑 龙 江	Heilongjiang	12	1	10
上 海	Shanghai	975	694	1684
江 苏	Jiangsu	4866	2615	8469
浙 江	Zhejiang	2217	1007	6845
安 徽	Anhui	404	190	201
福 建	Fujian	1778	953	1626
江 西	Jiangxi	216	21	131
山 东	Shandong	461	247	540
河 南	Henan	333	105	402
湖 北	Hubei	341	223	1177
湖 南	Hunan	299	108	347
广 东	Guangdong	8317	3150	13896
广 西	Guangxi	33	4	87
海 南	Hainan	4	4	76
重 庆	Chongqing	121	43	293
四 川	Sichuan	178	103	286
贵 州	Guizhou	17		7
云 南	Yunnan	47	15	97
西 藏	Tibet			
陕 西	Shaanxi	184	48	581
甘 肃	Gansu			
青 海	Qinghai			
宁 夏	Ningxia	10	2	5
新 疆	Xinjiang			

2-5-4 续表 3 continued

单位：件 (piece)

地区	Region	外商投资企业 Foreign Funded Enterprises		
		专利申请数 Patent Applications	#发明专利 Invention Patents	有效发明专利数 Number of Patents In Force
全国	**Total**	**25910**	**14519**	**41518**
东部地区	Eastern Region	23208	13376	36622
中部地区	Middle Region	1448	581	1715
西部地区	Western Region	953	394	2318
东北地区	Northeaastern Region	301	168	863
北京	Beijing	1109	840	2056
天津	Tianjin	705	401	1039
河北	Hebei	94	39	144
山西	Shanxi	88	19	32
内蒙古	Inner Mongolia			
辽宁	Liaoning	276	163	724
吉林	Jilin	24	5	65
黑龙江	Heilongjiang	1		74
上海	Shanghai	2474	1747	3582
江苏	Jiangsu	5112	2106	10026
浙江	Zhejiang	2793	1498	3922
安徽	Anhui	287	143	409
福建	Fujian	801	370	1633
江西	Jiangxi	486	200	606
山东	Shandong	2140	1101	2180
河南	Henan	161	40	163
湖北	Hubei	344	145	438
湖南	Hunan	82	34	67
广东	Guangdong	7980	5274	12032
广西	Guangxi	34	9	24
海南	Hainan			8
重庆	Chongqing	359	174	801
四川	Sichuan	238	118	915
贵州	Guizhou	10	8	75
云南	Yunnan	25	1	47
西藏	Tibet			
陕西	Shaanxi	42	26	198
甘肃	Gansu			
青海	Qinghai	120	38	82
宁夏	Ningxia	70	6	6
新疆	Xinjiang	55	14	170

2-5-5 按地区和行业分高技术产业专利情况(2020年)

Statistics on Patents in High-tech Industry by Region and Industrial Sector(2020)

单位：件 (piece)

地区	Region	医药制造业 Medical and Pharmaceutical Products Manufacturing		
		专利申请数 Patent Applications	#发明专利 Invention Patents	有效发明专利数 Number of Patents In Force
全　国	**Total**	**29107**	**14633**	**56784**
东部地区	Eastern Region	17483	9696	34828
中部地区	Middle Region	7340	2924	9834
西部地区	Western Region	3477	1663	9605
东北地区	Northeaastern Region	807	350	2517
北　京	Beijing	1044	684	2893
天　津	Tianjin	530	227	2225
河　北	Hebei	763	326	1730
山　西	Shanxi	181	78	533
内蒙古	Inner Mongolia	81	51	297
辽　宁	Liaoning	272	116	841
吉　林	Jilin	282	137	958
黑龙江	Heilongjiang	253	97	718
上　海	Shanghai	893	415	1900
江　苏	Jiangsu	4989	3188	7515
浙　江	Zhejiang	1953	854	4384
安　徽	Anhui	1750	759	2297
福　建	Fujian	659	267	1180
江　西	Jiangxi	1503	360	1420
山　东	Shandong	3869	2048	6197
河　南	Henan	1329	499	1837
湖　北	Hubei	1469	616	2100
湖　南	Hunan	1108	612	1647
广　东	Guangdong	2700	1618	6070
广　西	Guangxi	159	64	619
海　南	Hainan	83	69	734
重　庆	Chongqing	458	226	1066
四　川	Sichuan	1551	854	3963
贵　州	Guizhou	237	112	927
云　南	Yunnan	379	115	983
西　藏	Tibet	17	7	85
陕　西	Shaanxi	238	106	1024
甘　肃	Gansu	96	31	250
青　海	Qinghai	49	10	116
宁　夏	Ningxia	117	42	146
新　疆	Xinjiang	95	45	129

2-5-5 续表 1 continued

单位：件 (piece)

地区	Region	电子及通信设备制造业 Manufacture of Electronic Equipment and Communication Equipment		
		专利申请数 Patent Applications	#发明专利 Invention Patents	有效发明专利数 Number of Patents In Force
全国	**Total**	**230859**	**124296**	**394812**
东部地区	Eastern Region	183584	101132	340556
中部地区	Middle Region	31700	15127	34719
西部地区	Western Region	14230	7361	16870
东北地区	Northeaastern Region	1345	676	2667
北京	Beijing	5196	3834	12376
天津	Tianjin	2350	1316	1766
河北	Hebei	1284	769	1484
山西	Shanxi	366	118	442
内蒙古	Inner Mongolia	268	147	184
辽宁	Liaoning	948	455	2170
吉林	Jilin	326	195	319
黑龙江	Heilongjiang	71	26	178
上海	Shanghai	6020	4164	15798
江苏	Jiangsu	30424	14150	36148
浙江	Zhejiang	16498	7479	19779
安徽	Anhui	9214	4460	9135
福建	Fujian	9089	4291	10163
江西	Jiangxi	5739	1523	5941
山东	Shandong	5122	3026	6910
河南	Henan	2084	494	1898
湖北	Hubei	10100	6655	13172
湖南	Hunan	4197	1877	4131
广东	Guangdong	107601	62103	236129
广西	Guangxi	430	94	367
海南	Hainan			3
重庆	Chongqing	2451	1379	2155
四川	Sichuan	8101	4465	9733
贵州	Guizhou	500	193	715
云南	Yunnan	221	107	226
西藏	Tibet			
陕西	Shaanxi	1751	813	2798
甘肃	Gansu	161	62	298
青海	Qinghai	150	48	145
宁夏	Ningxia	136	34	64
新疆	Xinjiang	61	19	185

2-5-5 续表 2 continued

单位：件 (piece)

地 区	Region	计算机及办公设备制造业 Manufacture of Computer and Office Equipments		
		专利申请数 Patent Applications	#发明专利 Invention Patents	有效发明专利数 Number of Patents In Force
全 国	**Total**	**20114**	**8080**	**38091**
东部地区	Eastern Region	16937	6691	34376
中部地区	Middle Region	1884	939	2188
西部地区	Western Region	1177	420	1294
东北地区	Northeaastern Region	116	30	233
北 京	Beijing	1615	876	10759
天 津	Tianjin	596	373	1183
河 北	Hebei	125	28	124
山 西	Shanxi	44	18	57
内 蒙 古	Inner Mongolia			
辽 宁	Liaoning	106	26	229
吉 林	Jilin	3	1	1
黑 龙 江	Heilongjiang	7	3	3
上 海	Shanghai	295	219	619
江 苏	Jiangsu	2309	952	2575
浙 江	Zhejiang	921	336	700
安 徽	Anhui	1021	547	810
福 建	Fujian	1275	580	2263
江 西	Jiangxi	182	53	67
山 东	Shandong	1517	748	1468
河 南	Henan	152	22	75
湖 北	Hubei	249	178	745
湖 南	Hunan	236	121	434
广 东	Guangdong	8284	2579	14685
广 西	Guangxi	12	7	42
海 南	Hainan			
重 庆	Chongqing	543	104	573
四 川	Sichuan	572	295	618
贵 州	Guizhou	1		4
云 南	Yunnan	18		21
西 藏	Tibet			
陕 西	Shaanxi	31	14	36
甘 肃	Gansu			
青 海	Qinghai			
宁 夏	Ningxia			
新 疆	Xinjiang			

2-5-5 续表 3 continued

单位：件 (piece)

地区	Region	医疗仪器设备及仪器仪表制造业 Manufacture of Medical Equipments and Measuring Instrument		
		专利申请数 Patent Applications	#发明专利 Invention Patents	有效发明专利数 Number of Patents In Force
全国	**Total**	**57185**	**20970**	**64260**
东部地区	Eastern Region	45248	16923	48524
中部地区	Middle Region	6973	2213	7663
西部地区	Western Region	3857	1323	6074
东北地区	Northeaastern Region	1107	511	1999
北京	Beijing	2626	1181	3294
天津	Tianjin	825	307	1036
河北	Hebei	708	128	671
山西	Shanxi	171	58	151
内蒙古	Inner Mongolia	16		77
辽宁	Liaoning	848	366	1555
吉林	Jilin	97	45	134
黑龙江	Heilongjiang	162	100	310
上海	Shanghai	3171	1615	4591
江苏	Jiangsu	12511	4397	15048
浙江	Zhejiang	7506	2532	5701
安徽	Anhui	1320	479	1261
福建	Fujian	1278	352	1499
江西	Jiangxi	721	185	365
山东	Shandong	3565	887	2630
河南	Henan	2373	512	2783
湖北	Hubei	1097	433	1628
湖南	Hunan	1291	546	1475
广东	Guangdong	13058	5524	14054
广西	Guangxi	368	123	223
海南	Hainan			
重庆	Chongqing	1146	300	1347
四川	Sichuan	1063	402	1918
贵州	Guizhou	62	14	167
云南	Yunnan	150	35	196
西藏	Tibet			
陕西	Shaanxi	885	385	1940
甘肃	Gansu	26	4	126
青海	Qinghai			1
宁夏	Ningxia	126	54	74
新疆	Xinjiang	15	6	5

2-5-5 续表 4 continued

单位：件 (piece)

地 区	Region	信息化学品制造业 Manufacture of Electronic Chemicals		
		专利申请数 Patent Applications	#发明专利 Invention Patents	有效发明专利数 Number of Patents In Force
全 国	**Total**	**818**	**432**	**1346**
东部地区	Eastern Region	570	334	968
中部地区	Middle Region	207	80	313
西部地区	Western Region	37	14	51
东北地区	Northeaastern Region	4	4	14
北 京	Beijing			
天 津	Tianjin			
河 北	Hebei	138	124	381
山 西	Shanxi			
内 蒙 古	Inner Mongolia			
辽 宁	Liaoning	4	4	14
吉 林	Jilin			
黑 龙 江	Heilongjiang			
上 海	Shanghai			
江 苏	Jiangsu	240	141	436
浙 江	Zhejiang	43	26	81
安 徽	Anhui	12	9	33
福 建	Fujian	1	1	15
江 西	Jiangxi	36	8	10
山 东	Shandong	31	1	16
河 南	Henan	42	17	148
湖 北	Hubei	104	41	114
湖 南	Hunan	13	5	8
广 东	Guangdong	117	41	39
广 西	Guangxi	3		17
海 南	Hainan			
重 庆	Chongqing	10	2	
四 川	Sichuan	7		3
贵 州	Guizhou			
云 南	Yunnan			
西 藏	Tibet			
陕 西	Shaanxi	17	12	31
甘 肃	Gansu			
青 海	Qinghai			
宁 夏	Ningxia			
新 疆	Xinjiang			

2-6-1 各地区高技术产业技术获取和技术改造情况(2020年)
Technology Acquisition and Renovation in High-tech Industry by Region (2020)

单位：万元 (10000 yuan)

地区	Region	引进技术经费支出 Expenditure for Acquisition of Foreign Technology	消化吸收经费支出 Expenditure for Assimilation of Technology	购买境内技术经费支出 Expenditure for Purchase of Domestic Technology	技术改造经费支出 Expenditure for Technical Renovation
全　国	**Total**	**1807298**	**120794**	**2519174**	**6298740**
东部地区	Eastern Region	1729665	118253	2393266	4627063
中部地区	Middle Region	15974	1023	55789	794174
西部地区	Western Region	60811	1264	47912	687802
东北地区	Northeaastern Region	848	253	22207	189700
北　京	Beijing	41350	1000	198939	8989
天　津	Tianjin	70		1822	26838
河　北	Hebei	514		46324	21852
山　西	Shanxi	38		1373	7736
内蒙古	Inner Mongolia			33	2426
辽　宁	Liaoning	686		16173	90796
吉　林	Jilin	74	165	4767	7546
黑龙江	Heilongjiang	88	88	1266	91359
上　海	Shanghai	3892	21296	16191	86004
江　苏	Jiangsu	60143	79781	61069	789566
浙　江	Zhejiang	45532	929	41859	430622
安　徽	Anhui	8659		17196	330408
福　建	Fujian	19435	14093	95521	308335
江　西	Jiangxi			3879	180280
山　东	Shandong	18090	1110	49271	343223
河　南	Henan			11353	44766
湖　北	Hubei	6987	1013	17095	105098
湖　南	Hunan	289	10	4893	125885
广　东	Guangdong	1540640	44	1880786	2608648
广　西	Guangxi	458		244	9429
海　南	Hainan			1485	2987
重　庆	Chongqing	21140		6057	41181
四　川	Sichuan	36288	1252	32518	363594
贵　州	Guizhou	669		2304	104602
云　南	Yunnan	749			6311
西　藏	Tibet				
陕　西	Shaanxi	608	12	5146	154126
甘　肃	Gansu	900		68	544
青　海	Qinghai			1055	1055
宁　夏	Ningxia				4318
新　疆	Xinjiang			487	217

2-6-2 按地区和企业规模分高技术产业技术获取和技术改造情况(2020年)

Technology Acquisition and Renovation in High-tech Industry by Region and Scale of Enterprises(2020)

单位：万元 (10000 yuan)

地区	Region	大型企业 Large-sized Enterprises			
		引进技术经费支出 Expenditure for Acquisition of Foreign Technology	消化吸收经费支出 Expenditure for Assimilation of Technology	购买境内技术经费支出 Expenditure for Purchase of Domestic Technology	技术改造经费支出 Expenditure for Technical Renovation
全　国	**Total**	**1635637**	**33305**	**2082561**	**4056123**
东部地区	Eastern Region	1621936	32053	2023788	3007733
中部地区	Middle Region	9537		28513	463657
西部地区	Western Region	3477	1252	15872	419727
东北地区	Northeaastern Region	686		14388	165006
北　京	Beijing	1110		1765	1625
天　津	Tianjin			217	21188
河　北	Hebei			43411	6535
山　西	Shanxi				2845
内蒙古	Inner Mongolia				726
辽　宁	Liaoning	686		14388	80139
吉　林	Jilin				
黑龙江	Heilongjiang				84867
上　海	Shanghai	2737	21291	11555	49874
江　苏	Jiangsu	56826	3632	34584	556798
浙　江	Zhejiang	37566		14207	177736
安　徽	Anhui	5287		9583	237906
福　建	Fujian	5128	6021	75431	189878
江　西	Jiangxi			2830	105352
山　东	Shandong	15243	1110	44336	237071
河　南	Henan			9000	30678
湖　北	Hubei	4199		6670	54220
湖　南	Hunan	51		430	32656
广　东	Guangdong	1503326		1798282	1767028
广　西	Guangxi				594
海　南	Hainan				
重　庆	Chongqing	1261		3719	20002
四　川	Sichuan	685	1252	7508	181779
贵　州	Guizhou	669			85127
云　南	Yunnan				3841
西　藏	Tibet				
陕　西	Shaanxi			3590	123808
甘　肃	Gansu	862			
青　海	Qinghai			1055	1055
宁　夏	Ningxia				2795
新　疆	Xinjiang				

2-6-2 续表 continued

单位：万元 (10000 yuan)

地区	Region	中型企业 Medium-sized Enterprises 引进技术经费支出 Expenditure for Acquisition of Foreign Technology	消化吸收经费支出 Expenditure for Assimilation of Technology	购买境内技术经费支出 Expenditure for Purchase of Domestic Technology	技术改造经费支出 Expenditure for Technical Renovation
全 国	**Total**	**113424**	**10425**	**310925**	**1276265**
东部地区	Eastern Region	87912	9158	282828	1005190
中部地区	Middle Region	2788	1013	11402	158865
西部地区	Western Region	22637		11668	99090
东北地区	Northeaastern Region	88	253	5028	13121
北 京	Beijing	38640	1000	196250	335
天 津	Tianjin	70		5	4212
河 北	Hebei			7	6933
山 西	Shanxi			473	2979
内蒙古	Inner Mongolia			18	659
辽 宁	Liaoning			1195	2844
吉 林	Jilin		165	3350	5590
黑龙江	Heilongjiang	88	88	482	4687
上 海	Shanghai	1155	6	2374	27736
江 苏	Jiangsu	1090	95	12964	156076
浙 江	Zhejiang	4337		14838	177535
安 徽	Anhui			1770	40711
福 建	Fujian	12693	8057	14496	86120
江 西	Jiangxi			440	39803
山 东	Shandong			2512	58604
河 南	Henan			1932	4773
湖 北	Hubei	2788	1013	3481	27795
湖 南	Hunan			3306	42804
广 东	Guangdong	29927		37897	485009
广 西	Guangxi	458			5861
海 南	Hainan			1485	2632
重 庆	Chongqing	19879		1228	13939
四 川	Sichuan	2300		7156	51579
贵 州	Guizhou			1770	15971
云 南	Yunnan				
西 藏	Tibet				
陕 西	Shaanxi			1496	10164
甘 肃	Gansu				472
青 海	Qinghai				
宁 夏	Ningxia				300
新 疆	Xinjiang				145

2-6-3　各地区国有及国有控股企业高技术产业技术获取和技术改造情况(2020年)

Technology Acquisition and Renovation in High-tech Industry of State-owned and State-controlled Enterprises by Region (2020)

单位：万元　(10000 yuan)

地　区	Region	引进技术经费支出 Expenditure for Acquisition of Foreign Technology	消化吸收经费支出 Expenditure for Assimilation of Technology	购买境内技术经费支出 Expenditure for Purchase of Domestic Technology	技术改造经费支出 Expenditure for Technical Renovation
全　国	**Total**	**52318**	**23631**	**288191**	**1284104**
东部地区	Eastern Region	13931	22291	223245	404825
中部地区	Middle Region	1882		21140	210472
西部地区	Western Region	35731	1252	28720	506413
东北地区	Northeaastern Region	774	88	15087	162393
北　京	Beijing	1435	1000	191400	1643
天　津	Tianjin			1	21419
河　北	Hebei	324		647	3383
山　西	Shanxi				3576
内蒙古	Inner Mongolia				55
辽　宁	Liaoning	686		15039	76048
吉　林	Jilin				
黑龙江	Heilongjiang	88	88	47	86345
上　海	Shanghai	3838	21291	13964	27325
江　苏	Jiangsu	1095		727	32345
浙　江	Zhejiang			998	46521
安　徽	Anhui			1112	37736
福　建	Fujian	586		2920	34242
江　西	Jiangxi				85897
山　东	Shandong	191		5585	21516
河　南	Henan			9029	8857
湖　北	Hubei	1831		10318	41155
湖　南	Hunan	51		681	33252
广　东	Guangdong	6462		7003	216431
广　西	Guangxi				910
海　南	Hainan				
重　庆	Chongqing			123	17255
四　川	Sichuan	33784	1252	21842	265084
贵　州	Guizhou	669		1770	89016
云　南	Yunnan	416			853
西　藏	Tibet				
陕　西	Shaanxi			4986	133168
甘　肃	Gansu	862			
青　海	Qinghai				
宁　夏	Ningxia				
新　疆	Xinjiang				73

2-6-4 按地区和登记注册类型分高技术产业技术获取和技术改造情况(2020年)

Technology Acquisition and Renovation in High-tech Industry by Region and Registration Status(2020)

单位：万元 (10000 yuan)

地 区	Region	内资企业 Domestic Funded			
		引进技术经费支出 Expenditure for Acquisition of Foreign Technology	消化吸收经费支出 Expenditure for Assimilation of Technology	购买境内技术经费支出 Expenditure for Purchase of Domestic Technology	技术改造经费支出 Expenditure for Technical Renovation
全 国	**Total**	**1643061**	**119308**	**2340703**	**4392494**
东部地区	Eastern Region	1572019	116767	2220647	2989442
中部地区	Middle Region	9841	1023	51755	541556
西部地区	Western Region	60353	1264	46855	672643
东北地区	Northeaastern Region	848	253	21447	188853
北 京	Beijing	1134	1000	197174	5607
天 津	Tianjin	70		1822	25222
河 北	Hebei	514		5715	18779
山 西	Shanxi	38		900	7736
内 蒙 古	Inner Mongolia			33	280
辽 宁	Liaoning	686		16173	90730
吉 林	Jilin	74	165	4007	6786
黑 龙 江	Heilongjiang	88	88	1266	91338
上 海	Shanghai	3777	21296	14526	18916
江 苏	Jiangsu	4224	79686	28339	401374
浙 江	Zhejiang	31716	109	39436	326487
安 徽	Anhui	2526		13652	123535
福 建	Fujian	15061	13522	30348	213128
江 西	Jiangxi			3867	154877
山 东	Shandong	15434	1110	47332	290593
河 南	Henan			11348	39785
湖 北	Hubei	6987	1013	17095	94621
湖 南	Hunan	289	10	4893	121002
广 东	Guangdong	1500089	44	1854469	1686349
广 西	Guangxi			244	8648
海 南	Hainan			1485	2987
重 庆	Chongqing	21140		6055	40246
四 川	Sichuan	36288	1252	32518	360527
贵 州	Guizhou	669		2304	104498
云 南	Yunnan	749			2470
西 藏	Tibet				
陕 西	Shaanxi	608	12	5146	150895
甘 肃	Gansu	900		68	544
青 海	Qinghai				
宁 夏	Ningxia				4318
新 疆	Xinjiang			487	217

2-6-4 续表 1 continued

单位：万元 (10000 yuan)

地 区	Region	#国有企业 State-owned Enterprises			
		引进技术经费支出 Expenditure for Acquisition of Foreign Technology	消化吸收经费支出 Expenditure for Assimilation of Technology	购买境内技术经费支出 Expenditure for Purchase of Domestic Technology	技术改造经费支出 Expenditure for Technical Renovation
全 国	**Total**			**2759**	**30105**
东部地区	Eastern Region				5302
中部地区	Middle Region				5292
西部地区	Western Region			2734	19509
东北地区	Northeaastern Region			25	2
北 京	Beijing				875
天 津	Tianjin				
河 北	Hebei				
山 西	Shanxi				315
内蒙古	Inner Mongolia				
辽 宁	Liaoning			25	
吉 林	Jilin				
黑龙江	Heilongjiang				2
上 海	Shanghai				
江 苏	Jiangsu				1100
浙 江	Zhejiang				607
安 徽	Anhui				
福 建	Fujian				
江 西	Jiangxi				
山 东	Shandong				1500
河 南	Henan				
湖 北	Hubei				2000
湖 南	Hunan				2977
广 东	Guangdong				1220
广 西	Guangxi				30
海 南	Hainan				
重 庆	Chongqing				
四 川	Sichuan				700
贵 州	Guizhou				8461
云 南	Yunnan				
西 藏	Tibet				
陕 西	Shaanxi			2734	10318
甘 肃	Gansu				
青 海	Qinghai				
宁 夏	Ningxia				
新 疆	Xinjiang				

2-6-4 续表 2 continued

单位：万元 (10000 yuan)

地区	Region	港澳台投资企业 Enterprises with Funds from Hong Kong, Macau and Taiwan			
		引进技术经费支出 Expenditure for Acquisition of Foreign Technology	消化吸收经费支出 Expenditure for Assimilation of Technology	购买境内技术经费支出 Expenditure for Purchase of Domestic Technology	技术改造经费支出 Expenditure for Technical Renovation
全国	**Total**	**27722**	**630**	**136285**	**974559**
东部地区	Eastern Region	22234	630	135754	790798
中部地区	Middle Region	5488		531	176682
西部地区	Western Region				7013
东北地区	Northeaastern Region				66
北京	Beijing	301			
天津	Tianjin				1616
河北	Hebei			40539	2983
山西	Shanxi			473	
内蒙古	Inner Mongolia				2146
辽宁	Liaoning				66
吉林	Jilin				
黑龙江	Heilongjiang				
上海	Shanghai	114			34871
江苏	Jiangsu	5508	74	17218	212923
浙江	Zhejiang	2		144	29464
安徽	Anhui	5488		45	164584
福建	Fujian	4374	556	65114	61133
江西	Jiangxi			12	96
山东	Shandong				2261
河南	Henan				4981
湖北	Hubei				6607
湖南	Hunan				414
广东	Guangdong	11935		12740	445548
广西	Guangxi				782
海南	Hainan				
重庆	Chongqing				243
四川	Sichuan				2
贵州	Guizhou				
云南	Yunnan				3841
西藏	Tibet				
陕西	Shaanxi				
甘肃	Gansu				
青海	Qinghai				
宁夏	Ningxia				
新疆	Xinjiang				

2-6-4 续表 3 continued

单位：万元 (10000 yuan)

地区	Region	外商投资企业 Foreign Funded Enterprises 引进技术经费支出 Expenditure for Acquisition of Foreign Technology	消化吸收经费支出 Expenditure for Assimilation of Technology	购买境内技术经费支出 Expenditure for Purchase of Domestic Technology	技术改造经费支出 Expenditure for Technical Renovation
全　国	**Total**	**136515**	**856**	**42186**	**931687**
东部地区	Eastern Region	135412	856	36866	846823
中部地区	Middle Region	645		3504	75937
西部地区	Western Region	458		1057	8146
东北地区	Northeaastern Region			760	781
北　京	Beijing	39914		1765	3382
天　津	Tianjin				
河　北	Hebei			70	90
山　西	Shanxi				
内蒙古	Inner Mongolia				
辽　宁	Liaoning				
吉　林	Jilin			760	760
黑龙江	Heilongjiang				21
上　海	Shanghai			1665	32218
江　苏	Jiangsu	50412	22	15513	175269
浙　江	Zhejiang	13814	819	2278	74671
安　徽	Anhui	645		3499	42290
福　建	Fujian		15	59	34075
江　西	Jiangxi				25308
山　东	Shandong	2655		1940	50369
河　南	Henan			5	
湖　北	Hubei				3870
湖　南	Hunan				4469
广　东	Guangdong	28616		13576	476750
广　西	Guangxi	458			
海　南	Hainan				
重　庆	Chongqing			2	692
四　川	Sichuan				3065
贵　州	Guizhou				103
云　南	Yunnan				
西　藏	Tibet				
陕　西	Shaanxi				3231
甘　肃	Gansu				
青　海	Qinghai			1055	1055
宁　夏	Ningxia				
新　疆	Xinjiang				

2-6-5　按地区和行业分高技术产业技术获取和技术改造情况(2020年)
Technology Acquisition and Renovation in High-tech Industry by Region and Industrial Sector(2020)

单位：万元　　(10000 yuan)

地区	Region	医药制造业 Medical and Pharmaceutical Products Manufacturing			
		引进技术经费支出 Expenditure for Acquisition of Foreign Technology	消化吸收经费支出 Expenditure for Assimilation of Technology	购买境内技术经费支出 Expenditure for Purchase of Domestic Technology	技术改造经费支出 Expenditure for Technical Renovation
全　国	**Total**	**66611**	**26209**	**234589**	**1077921**
东部地区	Eastern Region	60415	26032	175021	786581
中部地区	Middle Region	2538		33545	160599
西部地区	Western Region	2972	12	15832	111110
东北地区	Northeaastern Region	686	165	10192	19632
北　京	Beijing	1110		6910	3707
天　津	Tianjin			1414	10165
河　北	Hebei	109		45218	12862
山　西	Shanxi	38		1373	3174
内蒙古	Inner Mongolia			33	2426
辽　宁	Liaoning	686		4216	9923
吉　林	Jilin		165	4757	7517
黑龙江	Heilongjiang			1219	2191
上　海	Shanghai	2138	21291	4080	10240
江　苏	Jiangsu	3954	3632	28031	136126
浙　江	Zhejiang	37566		20006	130928
安　徽	Anhui	80		5764	33383
福　建	Fujian	296		11164	35318
江　西	Jiangxi			3460	30683
山　东	Shandong	15243	1110	48709	268615
河　南	Henan			10958	8277
湖　北	Hubei	2368		11198	41865
湖　南	Hunan	52		792	43218
广　东	Guangdong			8006	175634
广　西	Guangxi	458		234	5286
海　南	Hainan			1485	2987
重　庆	Chongqing	1261		5080	22634
四　川	Sichuan	54		9671	52407
贵　州	Guizhou			222	13167
云　南	Yunnan	332			5079
西　藏	Tibet				
陕　西	Shaanxi	4	12	106	8960
甘　肃	Gansu	862			47
青　海	Qinghai				
宁　夏	Ningxia				887
新　疆	Xinjiang			487	217

2-6-5 续表 1 continued

单位：万元 (10000 yuan)

地 区	Region	电子及通信设备制造业 Manufacture of Electronic Equipment and Communication Equipment			
		引进技术经费支出 Expenditure for Acquisition of Foreign Technology	消化吸收经费支出 Expenditure for Assimilation of Technology	购买境内技术经费支出 Expenditure for Purchase of Domestic Technology	技术改造经费支出 Expenditure for Technical Renovation
全 国	**Total**	**1624540**	**92526**	**2003876**	**3865151**
东部地区	Eastern Region	1589378	90251	1981484	3295851
中部地区	Middle Region	13436	1023	9891	308857
西部地区	Western Region	21652	1252	12461	255780
东北地区	Northeaastern Region	74		40	4663
北 京	Beijing	1375	1000	6	349
天 津	Tianjin			408	5196
河 北	Hebei	81		482	3687
山 西	Shanxi				1227
内 蒙 古	Inner Mongolia				
辽 宁	Liaoning			30	4614
吉 林	Jilin	74		10	28
黑 龙 江	Heilongjiang				21
上 海	Shanghai	1754		11773	70001
江 苏	Jiangsu	46367	74403	22469	450506
浙 江	Zhejiang	6171	711	10982	212990
安 徽	Anhui	8580		7425	121199
福 建	Fujian	19120	14093	84161	251421
江 西	Jiangxi			191	87545
山 东	Shandong	1073		433	55445
河 南	Henan			249	25504
湖 北	Hubei	4619	1013	71	26375
湖 南	Hunan	238	10	1954	47007
广 东	Guangdong	1513437	44	1850770	2246258
广 西	Guangxi				2574
海 南	Hainan				
重 庆	Chongqing	19879		818	13175
四 川	Sichuan	688	1252	5673	188381
贵 州	Guizhou	669		785	11057
云 南	Yunnan	416			1205
西 藏	Tibet				
陕 西	Shaanxi			4130	35088
甘 肃	Gansu				472
青 海	Qinghai			1055	1055
宁 夏	Ningxia				2775
新 疆	Xinjiang				

2-6-5 续表 2 continued

单位：万元 (10000 yuan)

地 区	Region	计算机及办公设备制造业 Manufacture of Computer and Office Equipments 引进技术经费支出 Expenditure for Acquisition of Foreign Technology	消化吸收经费支出 Expenditure for Assimilation of Technology	购买境内技术经费支出 Expenditure for Purchase of Domestic Technology	技术改造经费支出 Expenditure for Technical Renovation
全 国	**Total**	**11024**	**1747**	**30634**	**388685**
东部地区	Eastern Region	11024	1747	18715	211837
中部地区	Middle Region			6	174718
西部地区	Western Region			11913	2130
东北地区	Northeaastern Region				
北 京	Beijing	60		71	
天 津	Tianjin				
河 北	Hebei			90	
山 西	Shanxi				487
内 蒙 古	Inner Mongolia				
辽 宁	Liaoning				
吉 林	Jilin				
黑 龙 江	Heilongjiang				
上 海	Shanghai				867
江 苏	Jiangsu	1750	1747	2780	64858
浙 江	Zhejiang	1208		1530	23575
安 徽	Anhui			6	172030
福 建	Fujian				17629
江 西	Jiangxi				
山 东	Shandong				1910
河 南	Henan				800
湖 北	Hubei				1305
湖 南	Hunan				95
广 东	Guangdong	8006		14244	102999
广 西	Guangxi				
海 南	Hainan				
重 庆	Chongqing			68	233
四 川	Sichuan			11845	892
贵 州	Guizhou				1005
云 南	Yunnan				
西 藏	Tibet				
陕 西	Shaanxi				
甘 肃	Gansu				
青 海	Qinghai				
宁 夏	Ningxia				
新 疆	Xinjiang				

2-6-5 续表 3 continued

单位：万元 (10000 yuan)

地 区	Region	医疗仪器设备及仪器仪表制造业 Manufacture of Medical Equipments and Measuring Instrument			
		引进技术经费支出 Expenditure for Acquisition of Foreign Technology	消化吸收经费支出 Expenditure for Assimilation of Technology	购买境内技术经费支出 Expenditure for Purchase of Domestic Technology	技术改造经费支出 Expenditure for Technical Renovation
全 国	**Total**	**69282**	**311**	**35748**	**354958**
东部地区	Eastern Region	68525	223	25818	307732
中部地区	Middle Region			8302	26416
西部地区	Western Region	670		1580	18648
东北地区	Northeaastern Region	88	88	47	2162
北 京	Beijing	38805		632	4500
天 津	Tianjin	70			159
河 北	Hebei			36	3565
山 西	Shanxi				18
内蒙古	Inner Mongolia				
辽 宁	Liaoning				685
吉 林	Jilin				
黑龙江	Heilongjiang	88	88	47	1477
上 海	Shanghai		6	338	4093
江 苏	Jiangsu	8073		7388	130920
浙 江	Zhejiang	588	217	9341	63046
安 徽	Anhui			4001	2096
福 建	Fujian	19		186	2195
江 西	Jiangxi			228	1748
山 东	Shandong	1774		129	16084
河 南	Henan			146	7611
湖 北	Hubei			2026	5697
湖 南	Hunan			1902	9247
广 东	Guangdong	19197		7767	83172
广 西	Guangxi			11	1570
海 南	Hainan				
重 庆	Chongqing			92	4834
四 川	Sichuan	29		505	5194
贵 州	Guizhou				517
云 南	Yunnan				27
西 藏	Tibet				
陕 西	Shaanxi	604		905	5825
甘 肃	Gansu	37		68	26
青 海	Qinghai				
宁 夏	Ningxia				655
新 疆	Xinjiang				

2-6-5 续表 4 continued

单位：万元 (10000 yuan)

地　区	Region	信息化学品制造业 Manufacture of Electronic Chemicals 引进技术经费支出 Expenditure for Acquisition of Foreign Technology	消化吸收经费支出 Expenditure for Assimilation of Technology	购买境内技术经费支出 Expenditure for Purchase of Domestic Technology	技术改造经费支出 Expenditure for Technical Renovation
全　国	**Total**	**324**		**1133**	**13816**
东部地区	Eastern Region	324		508	9343
中部地区	Middle Region				684
西部地区	Western Region			160	3031
东北地区	Northeaastern Region			465	758
北　京	Beijing				
天　津	Tianjin				
河　北	Hebei	324		498	1738
山　西	Shanxi				
内蒙古	Inner Mongolia				
辽　宁	Liaoning			465	758
吉　林	Jilin				
黑龙江	Heilongjiang				
上　海	Shanghai				
江　苏	Jiangsu				5505
浙　江	Zhejiang				69
安　徽	Anhui				
福　建	Fujian			10	1773
江　西	Jiangxi				
山　东	Shandong				256
河　南	Henan				
湖　北	Hubei				684
湖　南	Hunan				
广　东	Guangdong				2
广　西	Guangxi				
海　南	Hainan				
重　庆	Chongqing				239
四　川	Sichuan				2632
贵　州	Guizhou			160	160
云　南	Yunnan				
西　藏	Tibet				
陕　西	Shaanxi				
甘　肃	Gansu				
青　海	Qinghai				
宁　夏	Ningxia				
新　疆	Xinjiang				

2-7-1 各地区高技术产业企业办研发机构情况(2020年)
R&D Institutions in High-tech Industry by Region(2020)

地 区	Region	有研发机构的企业数 (个) Number of Enterprises with R&D Institutions (unit)	机构数 (个) R&D Institutions (unit)	机构人员 (人) Personnel in R&D Institutions (person)	机构经费支出 (万元) Expenditure in R&D Institutions (10000 yuan)	#仪器设备 Equipment
全 国	**Total**	**17100**	**20185**	**1195561**	**50614628**	**28081401**
东部地区	Eastern Region	13221	15443	935194	42983515	20256161
中部地区	Middle Region	2624	3234	168516	4819368	3785846
西部地区	Western Region	1074	1278	77396	2371858	3505463
东北地区	Northeaastern Region	181	230	14455	439887	533932
北 京	Beijing	202	246	21001	1189015	742087
天 津	Tianjin	105	137	15197	594801	318826
河 北	Hebei	250	321	13183	479235	491480
山 西	Shanxi	125	130	12853	280616	253715
内 蒙 古	Inner Mongolia	18	20	730	17657	57152
辽 宁	Liaoning	93	119	7032	237466	317065
吉 林	Jilin	46	60	3520	100678	94822
黑 龙 江	Heilongjiang	42	51	3903	101744	122045
上 海	Shanghai	166	184	18797	1036330	688864
江 苏	Jiangsu	2868	3336	162669	6180725	6557139
浙 江	Zhejiang	2040	2212	122715	4409307	2266864
安 徽	Anhui	768	995	37452	1131678	971459
福 建	Fujian	312	398	38722	1496525	902228
江 西	Jiangxi	788	884	34882	1018072	819937
山 东	Shandong	433	737	34319	1435526	922664
河 南	Henan	239	361	27756	662049	619444
湖 北	Hubei	394	485	30640	1238930	795132
湖 南	Hunan	310	379	24933	488023	326160
广 东	Guangdong	6825	7843	506909	26079133	7342396
广 西	Guangxi	52	63	2116	64863	31046
海 南	Hainan	20	29	1682	82919	23613
重 庆	Chongqing	319	362	16960	567803	1369388
四 川	Sichuan	333	399	28459	886173	908988
贵 州	Guizhou	107	119	7151	287546	348754
云 南	Yunnan	57	61	2923	70084	79870
西 藏	Tibet					
陕 西	Shaanxi	129	174	15539	345005	525433
甘 肃	Gansu	21	32	1414	62303	93256
青 海	Qinghai	7	14	405	14239	11802
宁 夏	Ningxia	19	19	1264	39641	45067
新 疆	Xinjiang	12	15	435	16543	34708

2-7-2 按地区和企业规模分高技术产业企业办研发机构情况(2020年)
R&D Institutions in High-tech Industry by Region and Industrial Sector(2020)

地 区	Region	大型企业 Large-sized Enterprises				
		有R&D机构的企业单位数 (个) Number of Enterprises with R&D Institutions (unit)	机构数 (个) R&D Institutions (unit)	机构人员 (人) Personnel in R&D Institutions (person)	机构经费支出 (万元) Expenditure in R&D Institutions (10000 yuan)	#仪器设备 Equipment
全 国	**Total**	**1237**	**2218**	**632613**	**34113759**	**16085352**
东部地区	Eastern Region	911	1642	497303	29904121	11606287
中部地区	Middle Region	185	336	91830	2712755	1756186
西部地区	Western Region	119	200	36577	1276467	2383635
东北地区	Northeaastern Region	22	40	6903	220417	339244
北 京	Beijing	19	24	7220	593480	398094
天 津	Tianjin	15	19	9023	370317	109207
河 北	Hebei	15	25	3718	236673	122594
山 西	Shanxi	12	16	8022	167348	162405
内 蒙 古	Inner Mongolia	2	2	286	2051	47407
辽 宁	Liaoning	12	26	3494	131718	225631
吉 林	Jilin	4	4	1430	27449	48166
黑 龙 江	Heilongjiang	6	10	1979	61251	65448
上 海	Shanghai	28	40	11229	683652	399168
江 苏	Jiangsu	199	298	72352	3374903	4135327
浙 江	Zhejiang	93	142	50792	2293342	847345
安 徽	Anhui	33	62	15818	520166	365100
福 建	Fujian	42	84	26148	1080103	629098
江 西	Jiangxi	65	110	17316	533506	406108
山 东	Shandong	44	132	17709	935154	560389
河 南	Henan	30	60	19170	418442	258398
湖 北	Hubei	30	63	17538	905680	459520
湖 南	Hunan	15	25	13966	167613	104655
广 东	Guangdong	454	876	298701	20323259	4403460
广 西	Guangxi	6	12	766	15090	4562
海 南	Hainan	2	2	411	13238	1606
重 庆	Chongqing	27	43	6891	292290	1099604
四 川	Sichuan	36	49	11107	424012	409536
贵 州	Guizhou	15	20	4167	202146	250330
云 南	Yunnan	4	5	1298	33956	15321
西 藏	Tibet					
陕 西	Shaanxi	21	50	10392	229114	442781
甘 肃	Gansu	2	4	872	52499	86352
青 海	Qinghai	1	8	156	6175	8563
宁 夏	Ningxia	3	3	527	16904	14816
新 疆	Xinjiang	2	4	115	2229	4364

2-7-2 续表 continued

地区	Region	中型企业 Medium-sized Enterprises 有R&D机构的企业单位数(个) Number of Enterprises with R&D Institutions (unit)	机构数(个) R&D Institutions (unit)	机构人员(人) Personnel in R&D Institutions (person)	机构经费支出(万元) Expenditure in R&D Institutions (10000 yuan)	#仪器设备 Equipment
全国	**Total**	**3452**	**4464**	**279287**	**8799301**	**6458320**
东部地区	Eastern Region	2601	3344	216075	6985054	4740446
中部地区	Middle Region	514	712	35896	1028660	957222
西部地区	Western Region	287	346	22951	647053	653697
东北地区	Northeaastern Region	50	62	4365	138535	106955
北京	Beijing	63	82	7801	367505	196568
天津	Tianjin	31	47	4227	169594	162204
河北	Hebei	55	80	5163	139962	268147
山西	Shanxi	32	33	2604	69749	60528
内蒙古	Inner Mongolia	4	4	219	6141	6147
辽宁	Liaoning	19	25	1851	63200	42641
吉林	Jilin	18	23	1435	54862	30935
黑龙江	Heilongjiang	13	14	1079	20473	33379
上海	Shanghai	44	49	4577	246642	158445
江苏	Jiangsu	584	773	43909	1435852	1350813
浙江	Zhejiang	405	476	35084	1151993	777188
安徽	Anhui	104	182	8696	250458	284993
福建	Fujian	85	123	7455	224111	185453
江西	Jiangxi	150	169	7766	208003	145238
山东	Shandong	95	177	8430	290171	197834
河南	Henan	64	102	4298	142444	133780
湖北	Hubei	83	109	6599	176626	194183
湖南	Hunan	81	117	5933	181379	138500
广东	Guangdong	1230	1519	98407	2899069	1430366
广西	Guangxi	14	17	708	13458	7649
海南	Hainan	9	18	1022	60155	13428
重庆	Chongqing	93	109	5864	155945	186284
四川	Sichuan	92	112	9121	279357	276464
贵州	Guizhou	28	32	1852	63503	71360
云南	Yunnan	6	7	470	9361	6545
西藏	Tibet					
陕西	Shaanxi	36	49	3595	85247	47469
甘肃	Gansu	4	5	239	3852	2819
青海	Qinghai	3	3	197	6781	2852
宁夏	Ningxia	4	4	472	12637	20107
新疆	Xinjiang	3	4	214	10771	26003

2-7-3 各地区国有及国有控股企业高技术产业企业办研发机构情况(2020年)

R&D Institutions in High-tech Industry of State-owned and State-controlled Enterprises by Region (2020)

地区	Region	有研发机构的企业数(个) Number of Enterprises with R&D Institutions (unit)	机构数(个) R&D Institutions (unit)	机构人员(人) Personnel in R&D Institutions (person)	机构经费支出(万元) Expenditure in R&D Institutions (10000 yuan)	#仪器设备 Equipment
全国	**Total**	**874**	**1338**	**184409**	**7688507**	**4916977**
东部地区	Eastern Region	491	785	105338	5241393	1971080
中部地区	Middle Region	160	244	38539	1294927	1450853
西部地区	Western Region	196	269	35728	1003793	1218042
东北地区	Northeaastern Region	27	40	4804	148394	277001
北京	Beijing	58	66	8172	562007	148599
天津	Tianjin	31	37	4865	214853	170372
河北	Hebei	20	28	1292	35198	82186
山西	Shanxi	13	17	1794	43860	121824
内蒙古	Inner Mongolia	1	1	29	387	133
辽宁	Liaoning	15	25	3059	95347	202769
吉林	Jilin	5	5	295	5627	5999
黑龙江	Heilongjiang	7	10	1450	47419	68234
上海	Shanghai	38	46	6319	374395	315363
江苏	Jiangsu	109	161	9264	490292	487938
浙江	Zhejiang	30	49	10469	550816	92985
安徽	Anhui	40	57	7049	258993	239270
福建	Fujian	18	36	7597	306864	132326
江西	Jiangxi	23	34	3464	127362	294138
山东	Shandong	51	112	9492	452835	199817
河南	Henan	19	37	5056	182687	285185
湖北	Hubei	39	67	14227	573978	423925
湖南	Hunan	26	32	6949	108049	86512
广东	Guangdong	135	241	47706	2246827	340138
广西	Guangxi	5	6	108	2210	2438
海南	Hainan	1	9	162	7307	1356
重庆	Chongqing	38	53	4102	164217	86309
四川	Sichuan	61	80	11864	312654	314414
贵州	Guizhou	29	33	4928	205557	305850
云南	Yunnan	6	6	1350	18902	8961
西藏	Tibet					
陕西	Shaanxi	46	77	12722	257754	448537
甘肃	Gansu	4	6	332	28343	23320
青海	Qinghai	2	2	31	617	376
宁夏	Ningxia	1	1	52	2535	1340
新疆	Xinjiang	3	4	210	10619	26364

2-7-4 按地区和登记注册类型分高技术产业企业办研发机构情况(2020年)
R&D Institutions in High-tech Industry by Region and Registration Status(2020)

地 区	Region	内资企业 Domestic Funded				
		有研发机构的企业数(个) Number of Enterprises with R&D Institutions (unit)	机构数(个) R&D Institutions (unit)	机构人员(人) Personnel in R&D Institutions (person)	机构经费支出(万元) Expenditure in R&D Institutions (10000 yuan)	#仪器设备 Equipment
全 国	**Total**	**14403**	**17076**	**914657**	**40747840**	**18160816**
东部地区	Eastern Region	10787	12690	690498	34095745	11994567
中部地区	Middle Region	2461	3007	139622	4060686	3307678
西部地区	Western Region	991	1167	71403	2208381	2383695
东北地区	Northeaastern Region	164	212	13134	383028	474876
北 京	Beijing	164	202	16520	918222	464250
天 津	Tianjin	87	113	10443	356683	274430
河 北	Hebei	230	297	10970	314337	446904
山 西	Shanxi	118	123	8503	204260	226601
内蒙古	Inner Mongolia	15	17	549	16714	53910
辽 宁	Liaoning	84	109	6085	188900	267541
吉 林	Jilin	41	55	3292	93531	87840
黑龙江	Heilongjiang	39	48	3757	100597	119495
上 海	Shanghai	106	118	11895	662490	417289
江 苏	Jiangsu	2183	2587	100671	3748687	2589862
浙 江	Zhejiang	1737	1889	93066	3071419	1526569
安 徽	Anhui	723	924	33438	952301	804609
福 建	Fujian	232	310	27107	978269	569002
江 西	Jiangxi	733	824	31952	928940	740056
山 东	Shandong	381	653	28474	1186379	738880
河 南	Henan	225	333	21185	526888	530785
湖 北	Hubei	365	441	27461	1055166	711546
湖 南	Hunan	297	362	17083	393132	294081
广 东	Guangdong	5651	6496	389820	22786049	4947290
广 西	Guangxi	41	52	1672	52108	22640
海 南	Hainan	16	25	1532	73210	20090
重 庆	Chongqing	289	325	13954	492557	388477
四 川	Sichuan	317	376	27338	855194	820206
贵 州	Guizhou	101	112	6994	281685	345722
云 南	Yunnan	52	55	2667	57907	72047
西 藏	Tibet					
陕 西	Shaanxi	123	165	14996	329132	512495
甘 肃	Gansu	21	32	1414	62303	93256
青 海	Qinghai	5	5	216	7999	3114
宁 夏	Ningxia	17	17	1243	37794	40960
新 疆	Xinjiang	10	11	360	14988	30870

2-7-4 续表 1 continued

地区	Region	#国有企业 State-owned Enterprises 有研发机构的企业数(个) Number of Enterprises with R&D Institutions (unit)	机构数(个) R&D Institutions (unit)	机构人员(人) Personnel in R&D Institutions (person)	机构经费支出(万元) Expenditure in R&D Institutions (10000 yuan)	#仪器设备 Equipment
全国	**Total**	**76**	**111**	**9016**	**331526**	**521843**
东部地区	Eastern Region	37	66	3390	203234	153580
中部地区	Middle Region	11	12	2578	73227	248076
西部地区	Western Region	26	30	2676	42050	86112
东北地区	Northeaastern Region	2	3	372	13014	34074
北京	Beijing	4	5	346	34901	9504
天津	Tianjin	3	7	270	7470	17362
河北	Hebei	2	2	511	8923	53839
山西	Shanxi	1	1	15	604	9
内蒙古	Inner Mongolia					
辽宁	Liaoning	1	1	339	12138	26213
吉林	Jilin					
黑龙江	Heilongjiang	1	2	33	876	7861
上海	Shanghai					
江苏	Jiangsu	11	16	698	39758	44727
浙江	Zhejiang	1	5	63	1559	2163
安徽	Anhui	2	2	83	1954	2827
福建	Fujian					
江西	Jiangxi	3	3	1736	59491	225396
山东	Shandong	3	4	135	1416	401
河南	Henan	1	1	223	4860	12990
湖北	Hubei	2	2	400	5002	3061
湖南	Hunan	2	3	121	1317	3793
广东	Guangdong	12	18	1205	101900	24228
广西	Guangxi	1	2	38	165	600
海南	Hainan	1	9	162	7307	1356
重庆	Chongqing	4	4	119	2604	1597
四川	Sichuan	3	3	294	4000	5225
贵州	Guizhou	4	4	313	9596	17659
云南	Yunnan	1	1	52	3533	1031
西藏	Tibet					
陕西	Shaanxi	10	13	1804	21189	58868
甘肃	Gansu	1	1	16	458	128
青海	Qinghai	1	1	26	399	315
宁夏	Ningxia					
新疆	Xinjiang	1	1	14	106	688

2-7-4 续表 2 continued

地 区	Region	港澳台投资企业 Enterprises with Funds from Hong Kong, Macau and Taiwan Province				
		有研发机构的企业数 (个) Number of Enterprises with R&D Institutions (unit)	机构数 (个) R&D Institutions (unit)	机构人员 (人) Personnel in R&D Institutions (person)	机构经费支出 (万元) Expenditure in R&D Institutions (10000 yuan)	#仪器设备 Equipment
全 国	**Total**	**1373**	**1577**	**159964**	**5369238**	**4689736**
东部地区	Eastern Region	1241	1400	137331	4770967	4353673
中部地区	Middle Region	90	124	20196	526755	260935
西部地区	Western Region	35	46	2037	61528	58600
东北地区	Northeaastern Region	7	7	400	9988	16528
北 京	Beijing	16	19	1909	94044	37060
天 津	Tianjin	7	8	574	23704	7489
河 北	Hebei	8	11	472	131569	22346
山 西	Shanxi	2	2	216	5165	4004
内 蒙 古	Inner Mongolia	3	3	181	943	3242
辽 宁	Liaoning	3	3	171	7576	15300
吉 林	Jilin	2	2	133	1585	513
黑 龙 江	Heilongjiang	2	2	96	827	715
上 海	Shanghai	23	24	2419	151470	70403
江 苏	Jiangsu	269	303	29658	1195418	2190331
浙 江	Zhejiang	121	124	16263	741766	427357
安 徽	Anhui	25	42	2508	113839	40928
福 建	Fujian	45	53	8184	382908	207646
江 西	Jiangxi	31	32	1326	31106	38676
山 东	Shandong	23	32	1909	87815	43648
河 南	Henan	10	21	6459	127863	79444
湖 北	Hubei	13	14	1980	157905	68221
湖 南	Hunan	9	13	7707	90878	29662
广 东	Guangdong	727	824	75903	1959786	1346168
广 西	Guangxi	7	7	301	10275	6554
海 南	Hainan	2	2	40	2488	1224
重 庆	Chongqing	12	15	751	22357	19756
四 川	Sichuan	4	11	356	7250	11006
贵 州	Guizhou	2	2	33	473	651
云 南	Yunnan	5	6	256	12177	7823
西 藏	Tibet					
陕 西	Shaanxi	1	1	158	7302	9027
甘 肃	Gansu					
青 海	Qinghai					
宁 夏	Ningxia	1	1	1	751	541
新 疆	Xinjiang					

2-7-4 续表 3 continued

地区	Region	外商投资企业 Foreign Funded Enterprises				
		有研发机构的企业数(个) Number of Enterprises with R&D Institutions (unit)	机构数(个) R&D Institutions (unit)	机构人员(人) Personnel in R&D Institutions (person)	机构经费支出(万元) Expenditure in R&D Institutions (10000 yuan)	#仪器设备 Equipment
全国	**Total**	**1324**	**1532**	**120940**	**4497551**	**5230849**
东部地区	Eastern Region	1193	1353	107365	4116803	3907921
中部地区	Middle Region	73	103	8698	231927	217233
西部地区	Western Region	48	65	3956	101949	1063168
东北地区	Northeaastern Region	10	11	921	46872	42528
北京	Beijing	22	25	2572	176749	240777
天津	Tianjin	11	16	4180	214414	36906
河北	Hebei	12	13	1741	33329	22229
山西	Shanxi	5	5	4134	71192	23109
内蒙古	Inner Mongolia					
辽宁	Liaoning	6	7	776	40990	34224
吉林	Jilin	3	3	95	5562	6469
黑龙江	Heilongjiang	1	1	50	320	1835
上海	Shanghai	37	42	4483	222370	201173
江苏	Jiangsu	416	446	32340	1236620	1776947
浙江	Zhejiang	182	199	13386	596122	312938
安徽	Anhui	20	29	1506	65538	125922
福建	Fujian	35	35	3431	135348	125580
江西	Jiangxi	24	28	1604	58026	41205
山东	Shandong	29	52	3936	161332	140135
河南	Henan	4	7	112	7298	9215
湖北	Hubei	16	30	1199	25860	15364
湖南	Hunan	4	4	143	4014	2417
广东	Guangdong	447	523	41186	1333298	1048938
广西	Guangxi	4	4	143	2481	1852
海南	Hainan	2	2	110	7221	2299
重庆	Chongqing	18	22	2255	52888	961156
四川	Sichuan	12	12	765	23730	77775
贵州	Guizhou	4	5	124	5388	2382
云南	Yunnan					
西藏	Tibet					
陕西	Shaanxi	5	8	385	8572	3911
甘肃	Gansu					
青海	Qinghai	2	9	189	6240	8688
宁夏	Ningxia	1	1	20	1096	3566
新疆	Xinjiang	2	4	75	1554	3839

2-7-5 按地区和行业分高技术产业企业办研发机构情况(2020年)
R&D Institutions in High-tech Industry by Region and Industrial Sector (2020)

地 区	Region	医药制造业 Medical and Pharmaceutical Products Manufacturing				
		有研发机构的企业数(个) Number of Enterprises with R&D Institutions (unit)	机构数(个) R&D Institutions (unit)	机构人员(人) Personnel in R&D Institutions (person)	机构经费支出(万元) Expenditure in R&D Institutions (10000 yuan)	#仪器设备 Equipment
全 国	**Total**	**2968**	**3756**	**163800**	**7633424**	**5717273**
东部地区	Eastern Region	1629	2113	107459	5587152	4332631
中部地区	Middle Region	868	1086	33578	1241662	837370
西部地区	Western Region	386	462	17775	631630	405527
东北地区	Northeaastern Region	85	95	4988	172980	141746
北 京	Beijing	73	81	6951	407981	346715
天 津	Tianjin	34	44	4215	109732	95966
河 北	Hebei	103	125	4457	279139	171731
山 西	Shanxi	68	69	3860	108293	115655
内蒙古	Inner Mongolia	12	13	465	12829	8059
辽 宁	Liaoning	26	29	1298	58719	69550
吉 林	Jilin	36	43	2553	78025	49665
黑龙江	Heilongjiang	23	23	1137	36236	22530
上 海	Shanghai	39	44	4170	258578	119287
江 苏	Jiangsu	408	503	27531	1864250	1732811
浙 江	Zhejiang	331	394	19747	794541	584259
安 徽	Anhui	222	299	6754	219678	188819
福 建	Fujian	56	73	2709	105529	62646
江 西	Jiangxi	231	253	6014	224011	118322
山 东	Shandong	206	362	18213	839325	560603
河 南	Henan	108	161	5322	160213	156359
湖 北	Hubei	157	188	8188	431367	168796
湖 南	Hunan	82	116	3440	98099	89420
广 东	Guangdong	361	468	18244	857609	636851
广 西	Guangxi	22	28	763	15119	12733
海 南	Hainan	18	19	1222	70468	21764
重 庆	Chongqing	82	94	4135	137932	99573
四 川	Sichuan	118	151	6776	271147	152489
贵 州	Guizhou	46	53	1520	55637	14854
云 南	Yunnan	35	39	1333	44793	29788
西 藏	Tibet					
陕 西	Shaanxi	35	42	1103	28586	16649
甘 肃	Gansu	15	20	648	33559	26037
青 海	Qinghai	4	4	136	2642	1266
宁 夏	Ningxia	10	10	562	14711	15110
新 疆	Xinjiang	7	8	334	14676	28969

2-7-5 续表 1 continued

地 区	Region	电子及通信设备制造业 Manufacture of Electronic Equipment and Communication Equipment				
		有研发机构的企业数（个） Number of Enterprises with R&D Institutions (unit)	机构数（个） R&D Institutions (unit)	机构人员（人） Personnel in R&D Institutions (person)	机构经费支出（万元） Expenditure in R&D Institutions (10000 yuan)	#仪器设备 Equipment
全 国	**Total**	**9574**	**11084**	**775590**	**35152625**	**16907286**
东部地区	Eastern Region	7906	9071	641965	31456335	12836978
中部地区	Middle Region	1246	1494	105112	2720835	1931256
西部地区	Western Region	384	459	25978	908651	2045795
东北地区	Northeaastern Region	38	60	2535	66803	93256
北 京	Beijing	59	73	8869	571296	284881
天 津	Tianjin	39	51	4765	198591	97287
河 北	Hebei	74	99	4392	116797	210176
山 西	Shanxi	31	31	6849	132535	50014
内蒙古	Inner Mongolia	6	7	265	4828	49093
辽 宁	Liaoning	29	45	1662	47393	50009
吉 林	Jilin	8	14	823	19090	41413
黑龙江	Heilongjiang	1	1	50	320	1835
上 海	Shanghai	77	82	9663	467667	296100
江 苏	Jiangsu	1494	1738	92656	3111369	3967332
浙 江	Zhejiang	1035	1106	70572	2686511	1091331
安 徽	Anhui	403	506	23869	681520	678957
福 建	Fujian	190	231	26916	1107104	727255
江 西	Jiangxi	437	484	23719	659618	384834
山 东	Shandong	105	173	5705	158949	189629
河 南	Henan	67	102	15710	291772	226362
湖 北	Hubei	159	206	17728	686591	436745
湖 南	Hunan	149	165	17237	268800	154344
广 东	Guangdong	4832	5509	418265	23030746	5971631
广 西	Guangxi	23	25	1024	43079	13441
海 南	Hainan	1	9	162	7307	1356
重 庆	Chongqing	119	140	6597	262209	1189762
四 川	Sichuan	133	157	11809	388180	474783
贵 州	Guizhou	31	32	1243	49673	66146
云 南	Yunnan	9	9	170	5662	39684
西 藏	Tibet					
陕 西	Shaanxi	46	60	3431	97297	113946
甘 肃	Gansu	3	6	728	26689	66211
青 海	Qinghai	3	10	269	11597	10536
宁 夏	Ningxia	6	6	341	17570	16454
新 疆	Xinjiang	5	7	101	1867	5739

2-7-5 续表 2 continued

地 区	Region	计算机及办公设备制造业 Manufacture of Computer and Office Equipments				
		有研发机构的企业数（个） Number of Enterprises with R&D Institutions (unit)	机构数（个） R&D Institutions (unit)	机构人员（人） Personnel in R&D Institutions (person)	机构经费支出（万元） Expenditure in R&D Institutions (10000 yuan)	#仪器设备 Equipment
全 国	**Total**	**1215**	**1382**	**79279**	**2648859**	**915825**
东部地区	Eastern Region	1048	1180	66702	2289650	785943
中部地区	Middle Region	83	117	6543	205193	80278
西部地区	Western Region	81	82	5754	147587	47740
东北地区	Northeaastern Region	3	3	280	6429	1865
北 京	Beijing	7	7	599	16330	5603
天 津	Tianjin	6	6	4224	228887	69860
河 北	Hebei	7	10	265	4830	2911
山 西	Shanxi	4	4	341	4832	718
内 蒙 古	Inner Mongolia					
辽 宁	Liaoning	2	2	176	3875	1860
吉 林	Jilin					
黑 龙 江	Heilongjiang	1	1	104	2554	5
上 海	Shanghai	6	6	614	38555	30500
江 苏	Jiangsu	151	171	12936	320342	153977
浙 江	Zhejiang	88	92	4762	226045	64494
安 徽	Anhui	31	51	3963	152683	58165
福 建	Fujian	24	39	7079	239042	68772
江 西	Jiangxi	24	32	1131	27424	16631
山 东	Shandong	21	31	4213	290620	74537
河 南	Henan	4	4	190	3759	159
湖 北	Hubei	8	8	315	3336	1673
湖 南	Hunan	12	18	603	13160	2932
广 东	Guangdong	738	818	32010	924999	315290
广 西	Guangxi	2	2	69	483	1104
海 南	Hainan					
重 庆	Chongqing	63	63	3606	107668	36469
四 川	Sichuan	10	11	991	26844	3998
贵 州	Guizhou					
云 南	Yunnan	4	4	1040	12196	5334
西 藏	Tibet					
陕 西	Shaanxi	2	2	48	396	835
甘 肃	Gansu					
青 海	Qinghai					
宁 夏	Ningxia					
新 疆	Xinjiang					

2-7-5 续表 3 continued

地 区	Region	医疗仪器设备及仪器仪表制造业 Manufacture of Medical Equipments and Measuring Instrument				
		有研发机构的企业数（个）Number of Enterprises with R&D Institutions (unit)	机构数（个）R&D Institutions (unit)	机构人员（人）Personnel in R&D Institutions (person)	机构经费支出（万元）Expenditure in R&D Institutions (10000 yuan)	#仪器设备 Equipment
全 国	**Total**	**3051**	**3585**	**134513**	**3875344**	**2431347**
东部地区	Eastern Region	2510	2920	110375	3270739	1794209
中部地区	Middle Region	362	454	13691	331379	405915
西部地区	Western Region	143	166	7730	194355	174238
东北地区	Northeaastern Region	36	45	2717	78870	56985
北 京	Beijing	54	73	3644	144229	75706
天 津	Tianjin	22	28	1252	40548	20698
河 北	Hebei	55	73	2879	52329	28614
山 西	Shanxi	19	19	763	13331	12977
内蒙古	Inner Mongolia					
辽 宁	Liaoning	24	27	1340	59808	46821
吉 林	Jilin	2	3	144	3562	3744
黑龙江	Heilongjiang	10	15	1233	15500	6419
上 海	Shanghai	40	47	3527	212943	57391
江 苏	Jiangsu	767	868	27879	822279	607309
浙 江	Zhejiang	565	599	26792	675011	497705
安 徽	Anhui	101	127	2540	66089	26929
福 建	Fujian	41	54	1991	44258	43326
江 西	Jiangxi	81	100	2181	50183	74085
山 东	Shandong	92	155	5553	133852	82323
河 南	Henan	50	78	3424	80507	202170
湖 北	Hubei	51	59	1939	47227	49374
湖 南	Hunan	60	71	2844	74043	40380
广 东	Guangdong	874	1023	36858	1145292	381136
广 西	Guangxi	5	8	260	6182	3768
海 南	Hainan					
重 庆	Chongqing	52	61	2500	55662	40735
四 川	Sichuan	46	49	2771	79751	34719
贵 州	Guizhou	6	7	215	5426	5651
云 南	Yunnan	9	9	380	7433	5064
西 藏	Tibet					
陕 西	Shaanxi	19	23	1205	30486	69792
甘 肃	Gansu	3	6	38	2056	1007
青 海	Qinghai					
宁 夏	Ningxia	3	3	361	7360	13503
新 疆	Xinjiang					

2-7-5 续表 4 continued

地 区	Region	信息化学品制造业 Manufacture of Electronic Chemicals				
		有研发机构的企业数 (个) Number of Enterprises with R&D Institutions (unit)	机构数 (个) R&D Institutions (unit)	机构人员 (人) Personnel in R&D Institutions (person)	机构经费支出 (万元) Expenditure in R&D Institutions (10000 yuan)	#仪器设备 Equipment
全 国	**Total**	**73**	**87**	**2897**	**85482**	**140656**
东部地区	Eastern Region	45	56	2022	62408	92283
中部地区	Middle Region	22	24	644	18372	43421
西部地区	Western Region	4	5	182	3477	4872
东北地区	Northeaastern Region	2	2	49	1226	80
北 京	Beijing					
天 津	Tianjin					
河 北	Hebei	7	10	620	14640	24323
山 西	Shanxi					
内 蒙 古	Inner Mongolia					
辽 宁	Liaoning	2	2	49	1226	80
吉 林	Jilin					
黑 龙 江	Heilongjiang					
上 海	Shanghai					
江 苏	Jiangsu	17	20	638	25010	39896
浙 江	Zhejiang	11	11	342	10212	21478
安 徽	Anhui	3	4	43	944	235
福 建	Fujian	1	1	27	592	230
江 西	Jiangxi	4	4	65	2429	2438
山 东	Shandong	3	7	93	5386	2808
河 南	Henan	4	4	115	2552	1385
湖 北	Hubei	10	11	414	12115	39098
湖 南	Hunan	1	1	7	333	265
广 东	Guangdong	6	7	302	6567	3548
广 西	Guangxi					
海 南	Hainan					
重 庆	Chongqing	1	2	10	439	257
四 川	Sichuan	1	1	68	1382	2249
贵 州	Guizhou	1	1	28	24	26
云 南	Yunnan					
西 藏	Tibet					
陕 西	Shaanxi	1	1	76	1632	2341
甘 肃	Gansu					
青 海	Qinghai					
宁 夏	Ningxia					
新 疆	Xinjiang					

3 国际比较情况
International Comparison

3-1 高技术产业出口总额(2008-2020)

单位：百万美元

国 家	Country	2008	2009	2010	2011	2012
中 国	China	390994	359274	474522	540195	593894
美 国	USA	246884	154108	168939	169464	172387
日 本	Japan	130664	104429	130195	133518	129759
英 国	UK	68245	49442	67433	76724	74213
法 国	France	100130	88873	106441	112914	114947
德 国	Germany	183536	159208	180523	203237	204071
澳大利亚	Australia	4488	3867	4590	5652	5488
加拿大	Canada	30539	26150	27248	28135	33776
意大利	Italy	32851	28149	29719	34153	29851
瑞 典	Sweden	23863	18680	23224	25946	22234
瑞 士	Switzerland	43545	40523	43641	51175	51314
土耳其	Turkey	1930	1583	1949	2207	2337
奥地利	Austria	17679	14167	15805	17850	18477
捷 克	Czech	20131	17058	20396	26850	25444
丹 麦	Denmark	12420	11258	9012	10409	9743
芬 兰	Finland	16915	8743	7053	6423	5474
希 腊	Greece	1598	1369	1296	1402	1138
冰 岛	Iceland	417	246	142	158	111
爱尔兰	Ireland	31032	26463	23349	27793	26223
墨西哥	Mexico	43708	38973	49291	52314	57667
荷 兰	Netherlands	78402	67926	77649	86017	81614
新西兰	New Zealand	638	521	614	925	762
挪 威	Norway	5511	4891	4968	5394	5167
葡萄牙	Portugal	3576	1618	1499	1834	1919
西班牙	Spain	11256	10391	11508	13572	13771
韩 国	Korea Rep.	110796	103496	132079	133474	130690
新加坡	Singapore	123853	99763	131971	132292	136622
匈牙利	Hungary	21676	18119	20250	22848	17581
波 兰	Poland	7162	7698	9589	9702	10847
俄罗斯联邦	Russian Federation	5535	4797	5370	5811	7798
巴 西	Brazil	10796	8464	8823	9155	9474
印 度	India		11347	10779	14546	13927

数据来源：世界银行《世界发展指标2020》。中国数据未包含港澳台数据。
World Bank, World Development Indicators 2020. Data of Hong Kong, Macao and Taiwan Province are not included.

High-technology Exports (2008-2020)

(million US $)

2013	2014	2015	2016	2017	2018	2019	2020
655996	653870	652237	594552	654188	731891	715843	757724
172145	179264	178350	176346	156640	156037	156074	143489
111571	107607	98537	99291	106424	111010	104021	102966
75594	76895	75619	75002	75276	76927	78176	64038
119315	121376	110206	109317	109359	117814	120897	87650
210130	216297	199797	206134	195752	210082	208678	180664
5367	5488	5124	5407	4837	5274	6411	5709
32769	29531	28847	26797	27600	31036	32423	26041
32432	33223	30512	31318	32232	32581	32869	34865
21894	21453	18980	19145	17434	17442	17555	17806
54388	57115	54267	55553	29844	30136	29879	29237
3793	4311	3881	3439	4103	3765	4302	4197
20795	21649	18087	17340	17028	16687	15990	15988
24689	26921	24815	24843	29544	36129	37834	39625
10205	10641	10097	10057	8937	9568	9581	10497
4694	5103	4251	3967	4405	4515	4563	4425
950	1337	1331	1415	1384	1755	1778	2007
95	120	112	137	168	143	305	147
25029	25865	30632	37990	34827	36494	39356	42492
58572	61552	60286	62456	69687	74886	75234	69544
81184	84729	69866	71152	78189	85691	87121	87609
775	699	657	640	564	607	573	590
5383	5714	5051	4324	4273	4349	4637	4135
2136	2316	2096	2457	2816	2978	3595	3360
14486	14673	13112	15606	14937	15507	15070	15732
143485	149060	147119	135914	166675	192790	153561	163989
143759	145602	139342	135616	147179	155447	150959	161271
17144	15687	14668	15922	16904	18066	18527	18081
13842	17076	16878	17383	19262	22237	20354	20277
9310	10482	11543	11290	10484	10183	10865	
9071	8807	9447	10416	10750	11095	9426	5970
17965	18345	14616	14301	15161	20273	23644	21662

3-2 部分国家高技术产业出口占制造业出口的比重(2008-2019年)

The Ratio of Exports of High Technology Industry to Exports of Manufacturing in Selected Countries (2008-2019)

(%)

国 家	Countries	2008	2009	2010	2011	2012	2013	2014	2015	2016	2017	2018	2019
中 国	China	29.4	31.9	32.1	30.5	30.9	31.6	29.7	30.4	30.2	30.9	31.5	30.8
美 国	USA	28.9	24.9	23.0	21.0	20.6	20.5	20.9	21.8	22.7	19.5	18.7	18.9
日 本	Japan	18.8	20.5	19.1	18.4	18.3	17.8	17.8	18.1	17.6	17.6	17.3	17.0
英 国	UK	20.8	20.8	23.5	23.6	23.8	23.9	22.4	22.6	23.9	23.1	22.7	23.5
法 国	France	21.7	24.4	26.6	25.3	26.9	27.3	27.6	28.3	28.1	26.1	26.0	27.0
德 国	Germany	15.1	16.8	17.0	16.4	17.3	17.4	17.3	17.9	18.2	15.8	15.8	16.4
澳大利亚	Australia	15.4	16.8	16.6	18.1	17.3	18.1	19.1	19.8	20.7	18.0	18.3	21.5
加拿大	Canada	15.4	18.2	15.9	15.1	15.9	15.8	15.0	15.1	14.4	14.7	15.7	16.5
意大利	Italy	7.3	8.4	8.1	8.1	7.7	7.9	7.8	8.3	8.4	7.9	7.5	7.8
瑞 典	Sweden	17.4	18.9	19.7	18.8	18.0	18.0	18.0	18.1	18.3	15.4	14.4	
瑞 士	Switzerland	24.9	26.7	25.8	25.3	26.3	27.0	26.9	27.3	27.3	14.0	13.3	12.9
土耳其	Turkey	1.9	2.0	2.2	2.1	2.2	3.3	3.6	3.6	3.2	3.4	2.8	3.0
奥地利	Austria	12.7	13.4	13.7	13.3	14.5	15.4	15.5	15.0	14.5	12.9	11.7	11.5
捷 克	Czech	15.8	17.4	17.9	18.7	18.6	17.3	17.4	17.8	17.0	17.9	19.6	20.8
丹 麦	Denmark	16.9	18.9	15.5	15.3	15.8	15.8	15.7	17.2	14.9	12.5	12.4	12.0
芬 兰	Finland	21.5	18.0	13.1	11.1	10.5	9.0	10.1	10.2	10.1	9.7	9.0	9.2
希 腊	Greece	11.1	12.3	11.6	11.3	10.1	8.5	11.5	12.9	13.7	12.1	12.9	12.5
冰 岛	Iceland	40.9	31.5	21.2	21.1	15.4	15.7	17.1	20.1	23.4	26.4	23.5	38.1
爱尔兰	Ireland	28.9	26.5	22.9	24.9	25.6	25.0	24.9	28.4	32.8	29.2	24.8	26.0
墨西哥	Mexico	20.6	22.7	22.2	21.2	21.4	20.5	20.2	19.6	20.6	21.2	20.9	20.4
荷 兰	Netherlands	26.0	28.0	27.9	25.2	25.5	24.7	24.6	24.1	24.0	23.0	22.5	23.1
新西兰	New Zealand	9.3	9.9	9.7	10.0	10.1	10.7	9.9	10.1	10.9	9.3	9.8	9.9
挪 威	Norway	18.7	19.8	20.5	21.6	21.2	21.1	22.4	22.3	21.0	21.6	21.3	22.6
葡萄牙	Portugal	8.2	4.8	4.1	4.1	4.5	4.7	4.9	5.1	5.8	6.0	5.3	6.9
西班牙	Spain	5.6	6.4			7.2		6.9	6.9	7.8	7.0	6.8	6.9
韩 国	Korea Rep.	30.3	32.1	32.1	28.2	28.2	29.8	30.1	31.2	30.5	32.6	36.4	32.4
新加坡	Singapore	52.8	50.9	52.4	47.8	48.5	50.5	50.9	52.4	52.5	53.2	51.8	52.1
匈牙利	Hungary	25.0	26.7	25.9	25.2	21.2	19.4	16.7	17.1	17.6	17.2	16.8	17.5
波 兰	Poland	5.2	7.1	7.7	6.6	7.9	8.9	10.3	11.0	11.0	10.9	10.6	10.1
俄罗斯联邦	Russian Federation	7.0	9.7	9.6	8.5	9.2	10.7	12.2	16.1	15.9	12.4	11.4	13.0
巴 西	Brazil	12.5	14.5	12.4	10.9	11.5	10.7	11.7	13.6	14.8	13.9	13.4	13.3
印 度	India		9.7	7.8	7.9	7.7	8.9	9.2	8.0	7.7	7.4	9.1	10.3

数据来源：世界银行《世界发展指标2020》。中国数据未包含港澳台数据。
World Bank, World Development Indicators 2020. Data of Hong Kong, Macao and Taiwan Province are not included.

附　录
Appendix

附录 1

高技术产业（制造业）分类（2017）

High-technology Industry（Manufacturing Industry）Classifications (2017)

一、分类目的

为准确反映高技术产业发展状况，界定高技术产业（制造业）统计范围，健全高技术产业统计体系，依据《中华人民共和国统计法》，参照国际相关分类标准并以《国民经济行业分类》（GB/T 4754-2017）为基础，制定本分类。

二、高技术产业界定和范围

本分类规定的高技术产业（制造业）是指国民经济行业中 R&D 投入强度[①]相对高的制造业行业，包括：医药制造，航空、航天器及设备制造，电子及通信设备制造，计算机及办公设备制造，医疗仪器设备及仪器仪表制造，信息化学品制造等 6 大类。

三、编制原则

（一）以国际分类标准为借鉴。

本分类借鉴 OECD（经济合作与发展组织）关于高技术产业的分类方法；分类表中第一类至第五类内容可与有关国际分类基本衔接，能够满足国际比较的需要。

（二）以《国民经济行业分类》为基础。

本分类是以《国民经济行业分类》（GB/T 4754-2017）为基础，对国民经济行业分类中符合高技术产业（制造业）特征有关活动的再分类。

（三）以提升可操作性为基本要求。

本分类中各小类尽可能与《国民经济行业分类》（GB/T 4754-2017）行业小类对应，便于统计资料的获取、整理和再加工。

四、结构和编码

本分类采用线分类法和分层次编码方法，将高技术产业（制造业）划分为三层，分别用阿拉伯数字编码表示。第一层为大类，用 2 位数字表示，共有 6 个大类；第二层为中类，用 3 位数字表示，前两位为大类代码，共有 34 个中类；第三层为小类，用 4 位数字表示，前三位为中类代码，共有 85 个小类。

本分类代码结构：

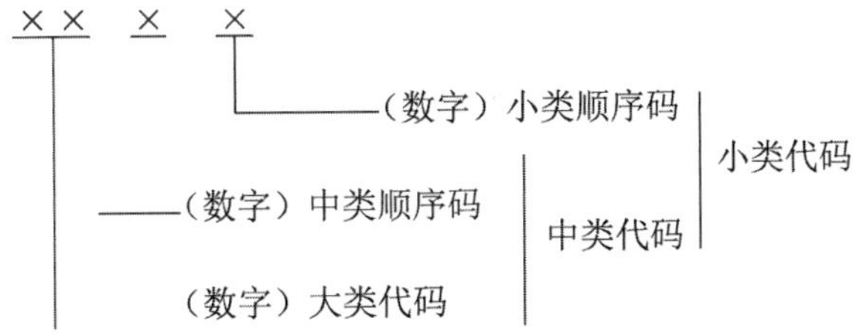

① R&D 投入强度是指 R&D 经费支出与企业主营业务收入之比。R&D（即研究与试验发展）是指为增加知识存量（也包括有关人类、文化和社会的知识）以及设计已有知识的新应用而进行的创造性、系统性工作。

五、高技术产业（制造业）分类表

代码			名称	行业分类代码
大类	中类	小类		
01			**医药制造业**	27
	011		化学药品制造	
		0111	化学药品原料药制造	2710
		0112	化学药品制剂制造	2720
	012	0120	中药饮片加工	2730
	013	0130	中成药生产	2740
	014	0140	兽用药品制造	2750
	015		生物药品制品制造	276
		0151	生物药品制造	2761
		0152	基因工程药物和疫苗制造	2762
	016	0160	卫生材料及医药用品制造	2770
	017	0170	药用辅料及包装材料	2780
02			**航空、航天器及设备制造业**	
	021	0210	飞机制造	3741
	022	0220	航天器及运载火箭制造	3742
	023		航空、航天相关设备制造	
		0231	航天相关设备制造	3743
		0232	航空相关设备制造	3744
	024	0240	其他航空航天器制造	3749
	025	0250	航空航天器修理	4343
03			**电子及通信设备制造业**	
	031		电子工业专用设备制造	
		0311	半导体器件专用设备制造	3562
		0312	电子元器件与机电组件设备制造	3563
		0313	其他电子专用设备制造	3569
	032		光纤、光缆及锂离子电池制造	
		0321	光纤制造	3832
		0322	光缆制造	3833
		0323	锂离子电池制造	3841
	033		通信设备、雷达及配套设备制造	
		0331	通信系统设备制造	3921
		0332	通信终端设备制造	3922
		0333	雷达及配套设备制造	3940
	034		广播电视设备制造	393
		0341	广播电视节目制作及发射设备制造	3931
		0342	广播电视接收设备制造	3932
		0343	广播电视专用配件制造	3933
		0344	专业音响设备制造	3934

续表

代码			名称	行业分类代码
大类	中类	小类		
		0345	应用电视设备及其他广播电视设备制造	3939
	035		非专业视听设备制造	395
		0351	电视机制造	3951
		0352	音响设备制造	3952
		0353	影视录放设备制造	3953
	036		电子器件制造	397
		0361	电子真空器件制造	3971
		0362	半导体分立器件制造	3972
		0363	集成电路制造	3973
		0364	显示器件制造	3974
		0365	半导体照明器件制造	3975
		0366	光电子器件制造	3976
		0367	其他电子器件制造	3979
	037		电子元件及电子专用材料制造	398
		0371	电阻电容电感元件制造	3981
		0372	电子电路制造	3982
		0373	敏感元件及传感器制造	3983
		0374	电声器件及零件制造	3984
		0375	电子专用材料制造	3985
		0376	其他电子元件制造	3989
	038		智能消费设备制造	
		0381	可穿戴智能设备制造	3961
		0382	智能车载设备制造	3962
		0383	智能无人飞行器制造	3963
		0384	其他智能消费设备制造	3969
	039	0390	其他电子设备制造	3990
04			**计算机及办公设备制造业**	
	041	0410	计算机整机制造	3911
	042	0420	计算机零部件制造	3912
	043	0430	计算机外围设备制造	3913
	044	0440	工业控制计算机及系统制造	3914
	045	0450	信息安全设备制造	3915
	046	0460	其他计算机制造	3919
	047		办公设备制造	
		0471	复印和胶印设备制造	3474
		0472	计算器及货币专用设备制造	3475
05			**医疗仪器设备及仪器仪表制造业**	
	051		医疗仪器设备及器械制造	

续表

代码			名称	行业分类代码
大类	中类	小类		
		0511	医疗诊断、监护及治疗设备制造	3581
		0512	口腔科用设备及器具制造	3582
		0513	医疗实验室及医用消毒设备和器具制造	3583
		0514	医疗、外科及兽医用器械制造	3584
		0515	机械治疗及病房护理设备制造	3585
		0516	康复辅具制造	3586
		0517	其他医疗设备及器械制造	3589
	052		通用仪器仪表制造	
		0521	工业自动控制系统装置制造	4011
		0522	电工仪器仪表制造	4012
		0523	绘图、计算及测量仪器制造	4013
		0524	实验分析仪器制造	4014
		0525	试验机制造	4015
		0526	供应用仪器仪表制造	4016
		0527	其他通用仪器制造	4019
	053		专用仪器仪表制造	
		0531	环境监测专用仪器仪表制造	4021
		0532	运输设备及生产用计数仪表制造	4022
		0533	导航、测绘、气象及海洋专用仪器制造	4023
		0534	农林牧渔专用仪器仪表制造	4024
		0535	地质勘探和地震专用仪器制造	4025
		0536	教学专用仪器制造	4026
		0537	核子及核辐射测量仪器制造	4027
		0538	电子测量仪器制造	4028
		0539	其他专用仪器制造	4029
	054	0540	光学仪器制造	4040
	055	0550	其他仪器仪表制造业	4090
06			**信息化学品制造业**	
	061		信息化学品制造	
		0611	文化用信息化学品制造	2664
		0612	医学生产用信息化学品制造	2665

附录 2

《高技术产业（制造业）分类》新旧对照表

2017年新标准				行业分类代码（2017）	2013年旧标准	行业分类代码（2013）	简要说明
大类	中类	小类	名称		名称		
1			**医药制造业**	27	**一、医药制造业**	27	
	11		化学药品制造		（一）化学药品制造		
		111	化学药品原料药制造	2710	化学药品原料药制造	2710	
		112	化学药品制剂制造	2720	化学药品制剂制造	2720	
	12	120	中药饮片加工	2730	（二）中药饮片加工	2730	
	13	130	中成药生产	2740	（三）中成药生产	2740	
	14	140	兽用药品制造	2750	（四）兽用药品制造	2750	
	15		生物药品制品制造	276	（五）生物药品制造	2760	更名
		151	生物药品制造	2761	（五）生物药品制造	2760	新增，将原2760分解
		152	基因工程药物和疫苗制造	2762	（五）生物药品制造	2760	新增，将原2760分解
	16	160	卫生材料及医药用品制造	2770	（六）卫生材料及医药用品制造	2770	部分内容调出，新增为2780
	17	170	药用辅料及包装材料	2780	（六）卫生材料及医药用品制造	2770	新增，原2770部分内容调至此类
2			**航空、航天器及设备制造业**		**二、航空、航天器及设备制造业**		
	21	210	飞机制造	3741	（一）飞机制造	3741	
	22	220	航天器及运载火箭制造	3742	（二）航天器制造	3742	更名
	23		航空、航天相关设备制造		（三）航空、航天相关设备制造	3743	
		231	航天相关设备制造	3743	（三）航空、航天相关设备制造	3743	新增，将原3743分解
		232	航空相关设备制造	3744	（三）航空、航天相关设备制造	3743	新增，将原3743分解
	24	240	其他航空航天器制造	3749	（四）其他航空航天器制造	3749	
	25	250	航空航天器修理	4343	（五）航空航天器修理	4343	
3			**电子及通信设备制造业**		**三、电子及通信设备制造业**		
	31		电子工业专用设备制造		（一）电子工业专用设备制造		

续表

2017年新标准				行业分类代码（2017）	2013年旧标准	行业分类代码（2013）	简要说明
大类	中类	小类	名称		名称		
		311	半导体器件专用设备制造	3562	（一）电子工业专用设备制造	3562	新增，将原3562分解
		312	电子元器件与机电组件设备制造	3563	（一）电子工业专用设备制造	3562	新增，将原3562分解
		313	其他电子专用设备制造	3569	（一）电子工业专用设备制造	3562	新增，将原3562分解
	32		光纤、光缆及锂离子电池制造		（二）光纤、光缆制造	3832	新增，将原中类二、三合并
		321	光纤制造	3832	（三）锂离子电池制造	3841	
		322	光缆制造	3833	（二）光纤、光缆制造	3832	新增，将原3832分解
		323	锂离子电池制造	3841	（二）光纤、光缆制造	3832	新增，将原3832分解
	33		通信设备、雷达及配套设备制造		（三）锂离子电池制造	3841	
		331	通信系统设备制造	3921	（四）通信设备制造	392	新增，将原中类四、六合并
		332	通信终端设备制造	3922	（六）雷达及配套设备制造	3940	
		333	雷达及配套设备制造	3940	通信系统设备制造	3921	
	34		广播电视设备制造	393	通信终端设备制造	3922	
		341	广播电视节目制作及发射设备制造	3931	（六）雷达及配套设备制造	3940	
		342	广播电视接收设备制造	3932	（五）广播电视设备制造	393	
		343	广播电视专用配件制造	3933	广播电视节目制作及发射设备制造	3931	
		344	专业音响设备制造	3934	广播电视接收设备及器材制造	3932	新增，将原3932分解
		345	应用电视设备及其他广播电视设备制造	3939	广播电视接收设备及器材制造	3932	新增，将原3932分解
	35		非专业视听设备制造	395	广播电视接收设备及器材制造	3932	新增，将原3932分解
		351	电视机制造	3951	应用电视设备及其他广播电视设备制造	3939	
		352	音响设备制造	3952	（七）视听设备制造	395	
		353	影视录放设备制造	3953	电视机制造	3951	
	36		电子器件制造	397	音响设备制造	3952	
		361	电子真空器件制造	3971	影视录放设备制造	3953	
		362	半导体分立器件制造	3972	（八）电子器件制造	396	
		363	集成电路制造	3973	电子真空器件制造	3961	
		364	显示器件制造	3974	半导体分立器件制造	3962	
		365	半导体照明器件制造	3975	集成电路制造	3963	

续表

2017年新标准				行业分类代码（2017）	2013年旧标准	行业分类代码（2013）	简要说明
大类	中类	小类	名称		名称		
		366	光电子器件制造	3976	光电子器件及其他电子器件制造	3969	新增，将原3969分解
		367	其他电子器件制造	3979	光电子器件及其他电子器件制造	3969	新增，将原3969分解
	37		电子元件及电子专用材料制造	398	光电子器件及其他电子器件制造	3969	新增，将原3969分解
		371	电阻电容电感元件制造	3981	光电子器件及其他电子器件制造	3969	新增，将原3969分解
		373	敏感元件及传感器制造	3983	（九）电子元件制造	397	更名
		374	电声器件及零件制造	3984	电子元件及组件制造	3971	新增，将原3971分解
		375	电子专用材料制造	3985	电子元件及组件制造	3971	新增，将原3971分解
		376	其他电子元件制造	3989	电子元件及组件制造	3971	新增，将原3971分解
		372	电子电路制造	3982	电子元件及组件制造	3971	新增，将原3971分解
	38		智能消费设备制造		电子元件及组件制造	3971	新增，将原3971分解
		381	可穿戴智能设备制造	3961	印制电路版制造	3972	更名
		382	智能车载设备制造	3962	（十）其他电子设备制造	3990	新增，原3990部分内容调至此中类
		383	智能无人飞行器制造	3963	（十）其他电子设备制造	3990	新增，原3990部分内容调至此类
		384	其他智能消费设备制造	3969	（十）其他电子设备制造	3990	新增，原3990部分内容调至此类
	39	390	其他电子设备制造	3990	（十）其他电子设备制造	3990	新增，原3990部分内容调至此类
4			**计算机及办公设备制造业**		（十）其他电子设备制造	3990	新增，原3990、3859部分内容调至此类
	41	410	计算机整机制造	3911	（十）其他电子设备制造	3990	内容变更，部分内容新增为3961、3962、3963
	42	420	计算机零部件制造	3912	**四、计算机及办公设备制造业**		
	43	430	计算机外围设备制造	3913	（一）计算机整机制造	3911	
	44	440	工业控制计算机及系统制造	3914	（二）计算机零部件制造	3912	
	45	450	信息安全设备制造	3915	（三）计算机外围设备制造	3913	新增，原3919部分内容调至此类
	46	460	其他计算机制造	3919	（四）其他计算机制造	3919	新增，原3919部分内容调至此类
	47		办公设备制造		（四）其他计算机制造	3919	内容变更，部分内容新增为3914和3915
		471	复印和胶印设备制造	3474	（四）其他计算机制造	3919	
		472	计算器及货币专用设备制造	3475	（五）办公设备制造		
5			**医疗仪器设备及仪器仪表制造业**		复印和胶印设备制造	3474	
	51		医疗仪器设备及器械制造		计算器及货币专用设备制造	3475	

续表

2017年新标准				行业分类代码（2017）	2013年旧标准	行业分类代码（2013）	简要说明
大类	中类	小类	名称		名称		
		511	医疗诊断、监护及治疗设备制造	3581	五、医疗仪器设备及仪器仪表制造业		
		512	口腔科用设备及器具制造	3582	（一）医疗仪器设备及器械制造		
		513	医疗实验室及医用消毒设备和器具制造	3583	医疗诊断、监护及治疗设备制造	3581	
		514	医疗、外科及兽医用器械制造	3584	口腔科用设备及器具制造	3582	
		515	机械治疗及病房护理设备制造	3585	医疗实验室及医用消毒设备和器具制造	3583	
		516	康复辅具制造	3586	医疗、外科及兽医用器械制造	3584	
		517	其他医疗设备及器械制造	3589	机械治疗及病房护理设备制造	3585	
	52		通用仪器仪表制造		假肢、人工器官及植（介）入器械制造	3586	更名，原3586被分解，部分内容调出
		521	工业自动控制系统装置制造	4011	其他医疗设备及器械制造	3589	内容变更，原3586调出内容增加至此类
		522	电工仪器仪表制造	4012	（二）仪器仪表制造		新增，原中类部分内容调至此中类
		523	绘图、计算及测量仪器制造	4013	工业自动控制系统装置制造	4011	
		524	实验分析仪器制造	4014	电工仪器仪表制造	4012	
		525	试验机制造	4015	绘图、计算及测量仪器制造	4013	
		526	供应用仪器仪表制造	4016	实验分析仪器制造	4014	
		527	其他通用仪器制造	4019	试验机制造	4015	
	53		专用仪器仪表制造	4021	供应用仪表及其他通用仪器制造	4019	新增，将原4019分解
		531	环境监测专用仪器仪表制造	4022	供应用仪表及其他通用仪器制造	4019	新增，将原4019分解
		532	运输设备及生产用计数仪表制造	4023	（二）仪器仪表制造		新增，原中类部分内容调至此中类
		533	导航、测绘、气象及海洋专用仪器制造	4024	环境监测专用仪器仪表制造	4021	
		534	农林牧渔专用仪器仪表制造	4025	运输设备及生产用计数仪表制造	4022	
		535	地质勘探和地震专用仪器制造	4026	导航、气象及海洋专用仪器制造	4023	更名
		536	教学专用仪器制造	4027	农林牧渔专用仪器仪表制造	4024	
		537	核子及核辐射测量仪器制造	4028	地质勘探和地震专用仪器制造	4025	
		538	电子测量仪器制造	4029	教学专用仪器制造	4026	
		539	其他专用仪器制造	4040	核子及核辐射测量仪器制造	4027	
	54	540	光学仪器制造	4090	电子测量仪器制造	4028	

续表

2017年新标准				行业分类代码（2017）	2013年旧标准	行业分类代码（2013）	简要说明
大类	中类	小类	名称		名称		
	55	550	其他仪器仪表制造业		其他专用仪器制造	4029	
6			**信息化学品制造业**		光学仪器制造	4041	新增中类
	61		信息化学品制造		其他仪器仪表制造业	4090	新增中类
		611	文化用信息化学品制造	2664	**六、信息化学品制造业**		
		612	医学生产用信息化学品制造	2665	（一）信息化学品制造	2664	
					（一）信息化学品制造	2664	新增，将原2664分解
					（一）信息化学品制造	2664	新增，将原2664分解

附录 3

主要指标解释

R&D（研究与试验发展） 指为增加知识存量（也包括有关人类、文化和社会的知识）以及设计已有知识的新应用而进行的创造性、系统性工作，包括基础研究、应用研究和试验发展三种类型。基础研究和应用研究统称为科学研究。R&D 活动应当满足五个条件：新颖性、创造性、不确定性、系统性、可转移性（可复制性）。

R&D 人员 指报告期 R&D 活动单位中从事基础研究、应用研究和试验发展活动的人员。包括直接参加上述三类 R&D 活动的人员，以及与上述三类 R&D 活动相关的管理人员和直接服务人员，即直接为 R&D 活动提供资料文献、材料供应、设备维护等服务的人员。不包括为 R&D 活动提供间接服务的人员，如餐饮服务、安保人员等。

R&D 人员折合全时当量 指报告期 R&D 人员按实际从事 R&D 活动时间计算的工作量，以“人年”为计量单位。全时人员的全时当量计为 1 人年；非全时人员全时当量按工作时间比例计为 0.1-0.9 人年；从事 R&D 活动的实际工作时间占制度工作时间不足 10%的人员，不计入 R&D 人员，也不计算全时当量。例如，一名 R&D 人员一年中 70%的工作时间用于 R&D 活动，30%的工作时间用于其他工作，则其折合全时当量为 0.7 人年。

R&D 经费内部支出 指报告期调查单位内部为实施 R&D 活动而实际发生的全部经费，按支出性质分为日常性支出和资产性支出。不包括调查单位委托其他单位或与其他单位合作开展 R&D 活动而转拨给其他单位的全部经费。

R&D 经费支出中政府资金 指 R&D 经费内部支出中来自各级政府部门的各类资金，包括财政科学技术拨款、科学基金、教育等部门事业费以及政府部门预算外资金的实际支出。

R&D 经费支出中企业资金 指 R&D 经费内部支出中来自本企业的自有资金和接受其他企业委托而获得的经费，以及科研院所、高校等事业单位从企业获得的资金的实际支出。

新产品销售收入 指报告期企业销售新产品实现的销售收入。新产品是指采用新技术原理、新设计构思研制、生产的全新产品，或在结构、材质、工艺等某一方面比原有产品有明显改进，从而显著提高了产品性能或扩大了使用功能的产品。既包括经政府有关部门认定并在有效期内的新产品，也包括企业自行研制开发，未经政府有关部门认定，从投产之日起一年之内的新产品。

技术改造经费支出 指报告期内企业进行技术改造而发生的费用支出。技术改造指企业在坚持科技进步的前提下，将科技成果应用于生产的各个领域（产品、设备、工艺等），用先进工艺、设备代替落后工艺、设备，实现以内涵为主的扩大再生产，从而提高产品质量、促进产品更新换代、节约能源、降低消耗，全面提高综合经济效益。

购买境内技术经费支出 指报告期内企业购买境内其他单位科技成果的经费支出。包括购买产品设计、工艺流程、图纸、配方、专利、技术诀窍及设备的费用支出。

引进境外技术经费支出 指报告期内企业用于购买国外或港澳台技术的费用支出，包括产品设计、工艺流程、图纸、配方、专利等技术资料的费用支出，以及购买设备、仪器、样机和样件等的费用支出。

引进境外技术的消化吸收经费支出 指报告期内企业引进国外或港澳台技术的消化吸收经费支出。引进技术的消化吸收指对引进技术的掌握、应用、复制而开展的工作，以及在此基础上的创新。引进技术的消化吸收经费支出包括：人员培训费、测绘费、参加消化吸收人员的工资、工装、工艺开发费、必备的配套设备费、翻版费等。